BIBLIOTHÈQUE
DE PHILOSOPHIE CONTEMPORAINE

LA TIMIDITÉ

ÉTUDE PSYCHOLOGIQUE ET MORALE

PAR

L. DUGAS

Docteur ès lettres, Agrégé de philosophie

PARIS

ANCIENNE LIBRAIRIE GERMER BAILLIÈRE ET Cⁱᵉ

FÉLIX ALCAN, ÉDITEUR

108, BOULEVARD SAINT-GERMAIN, 108

1898

LA TIMIDITÉ

ÉTUDE PSYCHOLOGIQUE ET MORALE

FÉLIX ALCAN, ÉDITEUR

AUTRES OUVRAGES DE M. DUGAS

L'amitié antique, *d'après les mœurs populaires et les théori* *des philosophes.* 1 vol. in-8. 1894.   7 fr. [

Le psittacisme et la pensée symbolique. 1 vol. in-12 de l *Bibliothèque de philosophie contemporaine.* 1895.   2 fr. 5

Coulommiers. — Imp. PAUL BRODARD. — 873-97.

LA TIMIDITÉ

ÉTUDE PSYCHOLOGIQUE ET MORALE

PAR

L. DUGAS

Docteur ès lettres, Agrégé de philosophie

———⟡———

PARIS

ANCIENNE LIBRAIRIE GERMER BAILLIÈRE ET Cie

FÉLIX ALCAN, ÉDITEUR

108, BOULEVARD SAINT-GERMAIN, 108

—

1898

A MADAME BEAU

Il y a une apparence de paradoxe à vous offrir l'hommage de ce livre que je n'ai point écrit comme je l'aurais voulu, c'est-à-dire sous vos yeux, en vous consultant sur les faits et les théories qu'il contient, et en m'éclairant de ces vives clartés que votre intarissable causerie jette sur toute question psychologique. Je ne serais pas embarrassé cependant pour justifier cette dédicace, s'il en était besoin : j'invoquerais une fois de plus la grande loi de la sympathie, dont j'ai cru trouver une vérification inattendue et nouvelle dans le cas spécial de la timidité. Écrire un livre, c'est avoir un lecteur présent, le prendre à témoin de ses idées, l'en faire juge : vous êtes ce lecteur imaginaire avec lequel j'ai voulu être en constante sympathie de pensée.

Je ne sais pas d'autre critérium de la vérité

psychologique que la commune adhésion qui y est donnée par des esprits divers. De même que l'observation des autres ne vaut pour nous, que si elle coïncide avec la nôtre ou n'y répugne point, ou mieux encore que si elle la confirme, alors qu'elle l'enrichit et l'étend, de même notre propre observation ne devient de quelque prix à nos yeux, et ne nous paraît certaine qu'autant que les autres s'y rendent, ou, comme on dit si bien, la reconnaissent, l'ayant pressentie ou s'en étant d'eux-mêmes avisés déjà. Ainsi, il n'y a point de découverte psychologique, prise à la rigueur. Il n'y a donc pas non plus de question psychologique, proprement technique, et fermée aux profanes. Si particulier que soit le sujet de ce livre, je pense qu'à la réflexion, personne ne le trouvera entièrement étranger à son expérience. Invitée à le juger, vous ne vous êtes pas récusée comme incompétente. Cela m'assure qu'il pourra avoir quelque intérêt pour ceux mêmes qui ne sont point ici personnellement en cause. D'ailleurs l'étude minutieuse d'un cas psychologique soulève incidemment bien des problèmes de psychologie générale, et se trouve ainsi avoir une portée qu'à première vue on ne soupçonnait pas.

J'ai écrit ce livre, en pensant beaucoup à vous et en souhaitant qu'il fût digne de vous; c'est pourquoi je vous le dédie, si imparfait qu'il soit, comme un témoignage de ma vive sympathie et de ma profonde affection.

L. D.

Le Val-André, septembre 1897.

LA TIMIDITÉ

CHAPITRE PREMIER

DÉFINITION DE LA TIMIDITÉ. — SES CAUSES INDIVIDUELLES ET SOCIALES

I. — La timidité est un trouble des fonctions psychiques : un trouble moteur ou gaucherie, — un trouble intellectuel ou stupidité, — un trouble de la sensibilité ou stupeur. Plus exactement, elle est la gaucherie, la stupidité et la stupeur *senties*.

II. — La timidité est l'incapacité de sympathiser avec autrui, ou mieux, le sentiment de cette incapacité.

III. — Évolution de la timidité. — Ses degrés et ses modes. — L'*intimidation* et la timidité proprement dite. — La timidité brute ou spontanée, et la timidité réfléchie ou systématique.

Avant d'analyser la timidité il faut la définir. Mais la définir, ce sera nécessairement l'expliquer déjà, en esquisser au moins la théorie. Les idées courantes sur la timidité, celles qu'atteste le langage, sont vagues, disparates et confuses; il faut y substituer une conception systématique et claire. Disons donc d'abord comment nous comprenons la timidité; les analyses qui viendront ensuite justifieront notre point de vue. Dans toute question complexe, l'énoncé de la thèse paraît devoir précéder la démonstration.

La timidité n'est pas la crainte (*timor*); elle n'est pas non plus une disposition à la crainte (*timiditas*). On ne fait pas aux effrontés cet honneur de les appeler des braves; on ne doit pas faire aux timides cette injure de les confondre avec les poltrons et les lâches.

Tandis que la crainte est causée par les choses, la timidité ne peut l'être que par les personnes. On craint en effet un mal réel, le danger, la souffrance, la mort, et, si on craint aussi les personnes, c'est seulement en tant qu'elles peuvent nuire, c'est-à-dire qu'elles sont l'occasion ou la cause présumée d'un mal réel. Au contraire, on est intimidé par les personnes, et on l'est par elles, alors qu'on n'est en droit d'en rien craindre, et qu'on n'en craint effectivement aucun mal, alors qu'on les sait bien disposées, indulgentes et bonnes, *a fortiori* inoffensives. C'est bien à tort qu'on dit au timide : « Pourquoi avoir peur d'un tel ? Il ne vous mangera pas. » Le timide sait qu'il ne peut avoir matériellement à souffrir de ceux qui le déconcertent et le troublent ; en ce sens, il ne les craint donc pas. Mais il sait aussi qu'il peut moralement souffrir auprès des personnes qu'il redoute le moins ou qu'il aime le plus ; il sait qu'il peut être blessé par elles dans ses sentiments, mésestimé, méconnu, pris à rebours ; il sait qu'il pourra lui arriver à lui-même de ne pas entrer dans les sentiments des autres, de les offenser sans le vouloir, tout au moins de tromper leur attente, de ne savoir répondre ni à leur opinion ni à leurs avances. De là ses appréhensions qui ne sont que trop fondées.

La timidité est donc un sentiment voisin, mais différent de la crainte, et dont il faut chercher la cause, soit dans le caractère des personnes qui l'inspirent, souvent à leur insu, et presque toujours sans le vouloir, soit dans les dispositions mêmes de celui qui l'éprouve.

I

Considérons-la d'abord comme procédant du tempérament individuel. Elle n'est point, selon nous, un état psychique, déterminé ou spécial, mais une forme qui affecte les divers états psychiques, une maladie ou un désordre momentané de la volonté, de l'intelligence et des sentiments. Reste à définir cette maladie et à déterminer ses modes.

En tant que maladie du vouloir, la timidité a pour cause la *gaucherie*. La gaucherie est l'incapacité momentanée de produire les mouvements volontaires ou la maladresse à exécuter ces mouvements. Elle rentre dans l'aboulie ou la paraboulie.

1° La gaucherie est une sorte de paralysie de la volonté. Le gauche ou le timide est comme écrasé, anéanti : son émotion lui coupe bras et jambes. Il est par exemple dans un salon et y est depuis longtemps ; il veut prendre congé et il reste vissé sur sa chaise ; il ne peut ni rompre ni prolonger l'entretien, et il est interdit et muet. On peut dire de lui comme du fumeur d'opium :

« Il souhaite et désire, aussi vivement que jamais, exécuter ce qu'il croit possible, ce qu'il sent que le devoir exige ; mais son appréhension intellectuelle dépasse infiniment son pouvoir, non seulement d'exécuter, mais de tenter. Il est sous le poids d'un incube et d'un cauchemar ; il voit tout ce qu'il souhaiterait de faire, comme un homme cloué sur son lit par la langueur mortelle d'une maladie déprimante, qui serait forcé d'être témoin d'une injure ou d'un outrage infligé à quelque objet de sa tendresse ; il maudit le sortilège qui l'enchaîne et lui interdit le mouvement[1]. »

Comme le malade de Billod, le timide « accuse une impossibilité fréquente de vouloir exécuter certains actes, bien qu'il en ait le désir et que son jugement sain, par une sage délibération, lui en fasse voir l'opportunité, souvent même la nécessité[2] ».

2° Mais la timidité n'est pas toujours ni même d'ordinaire la paralysie des mouvements ; elle en est aussi, et le plus souvent, l'incoordination, l'exécution maladroite. Remarquons l'admirable justesse du langage vulgaire : *être intimidé* se dit

---

1. Quincey, cité par Ribot : *Mal. de la vol.*, p. 43 ; Paris, Félix Alcan.
2. Ribot, ouv. cité, p. 44.

être déconcerté, troublé, décontenancé. La gaucherie
en effet est, suivant les cas, l'inertie motrice ou
l'incapacité de régler ses actes, de les adapter, de
les exécuter de la manière convenable ou au
moment voulu. Quand il n'est pas anéanti ou stupide, le timide est comme agité et fou. Ses gestes
sont alors démesurés, grotesques; son ton de voix
trop haut ou trop bas, son débit trop rapide ou
trop lent; il balbutie, il bégaie; il dit un mot
pour un autre; il parle et agit de travers. Comme
on a retrouvé chez certains timides les traits du
caractère de l'aboulique, on retrouverait chez
d'autres les traits du caractère de l'hystérique [1].
Tandis que tel timide demeure écrasé sous le
poids de sa honte, tel autre se démène, s'étourdit.
Certaines personnes parlent d'autant plus et d'autant plus haut qu'elles sont plus gênées; l'exagération et le trouble de leurs mouvements
décèlent seuls leur embarras.

Mais qu'elle se traduise par l'immobilité ou
l'agitation, la gaucherie est toujours une volonté
faible, chancelante, qui n'est point maîtresse et
sûre de ses actes.

---

1. Pour le *portrait de l'hystérique*, voir Ribot, ouv. cité, p. 113
et suiv.

L'esprit se déconcerte aussi bien que la volonté. Il y a une timidité intellectuelle comme il y a une timidité motrice. La maladresse ou gaucherie mentale peut s'appeler la *stupidité*.

Comme il y a deux sortes de gaucheries, il y aura deux formes ou degrés de la stupidité : la stupidité totale ou paralysie de l'intelligence, qui est l'incapacité de donner son attention aux choses, et la stupidité partielle, qui est la dispersion de l'attention, le désordre et l'incohérence des idées.

1° La stupidité totale, qu'on nomme vulgairement l'absence, est le fait de n'être pas à la question, accompagné du sentiment qu'on n'y est pas, et que, le voulût-on, on ne pourrait pas y être. Dans cet état, l'esprit est impuissant à se fixer, et, sentant cette impuissance, se décourage, se dépite et se bute. Cette stupidité est d'ailleurs relative : elle n'est point l'absence d'intelligence, elle est une défaillance momentanée de l'intelligence : quandoque bonus dormitat Homerus. Telle est la stupidité de l'écolier que son maître déconcerte. « Il est singulier, dit Rousseau, qu'avec assez de conception, je n'ai jamais rien pu apprendre avec des maîtres, excepté mon père et M. Lambercier. » (Entendez : qui ne m'intimidaient pas.) Combien d'hommes, et non pas seulement d'écoliers, passent de même pour butors, et ne sont que timides!

2° Être stupide, ce n'est pas seulement être incapable de penser, c'est encore être incapable de conduire et de gouverner sa pensée. Par stupidité on entend, en même temps que le vide intellectuel, l'éclosion confuse, débordante et chaotique des images. Parfois en effet les idées se pressent tumultueuses, elles ne se rangent pas à l'appel de la volonté, elles ne se mettent pas d'accord entre elles ni avec les sentiments et les actes. On appellera donc aussi stupidité la lenteur de conception, la lourdeur d'esprit, ou, plus généralement, le défaut d'adaptation intellectuelle. Cet état mental rappelle la gaucherie; peut-être même doit-on dire qu'il l'appelle ou la produit. Les maladresses en effet se tiennent : celui qui n'est pas maître de ses mouvements cérébraux ou de ses pensées souvent ne l'est pas davantage de ses actes. On a raison de ne pas séparer la stupidité de la gaucherie et de définir l'une par l'autre : il y a entre elles, non pas seulement analogie, mais relation et dépendance.

Le courage, dit Sarcey, est « une faculté d'adaptation rapide au danger qui se présente...

Il n'est qu'une des formes de la présence d'esprit. La timidité, c'est le contraire; c'est l'absence de présence d'esprit; c'est surtout le sentiment qu'on a de cette absence. Le timide est celui qui sait de science certaine ou qu'un instinct obscur avertit que, dans un cas donné, il ne trouvera jamais le mot qu'il faut dire, ni le geste qu'il faut faire, ni la contenance qu'il faut prendre; qu'il lui échappera une maladresse, ou, si vous ne haïssez pas le mot de l'argot boulevardier, une gaffe [1]. »

Rousseau, en faisant l'analyse de son esprit, a décrit cette stupidité du timide qui consiste dans le défaut d'organisation des idées, ou simplement dans la lenteur avec laquelle les idées s'organisent. La timidité de Rousseau se traduisait par une difficulté à adapter ses idées à la conversation, c'est-à-dire aux idées d'autrui, à adapter ses idées aux faits présents, c'est-à-dire à organiser ses perceptions, à exprimer ses idées, c'est-à-dire à s'en rendre compte et à les mettre d'accord entre elles.

« J'ai, dit-il, des passions vives, impétueuses, et des *idées lentes à naître, embarrassées, et qui ne*

---

1. *Revue bleue*, 20 juillet 1895.

se présentent jamais qu'après coup. Le sentiment,
plus prompt que l'éclair, vient remplir mon âme;
mais, au lieu de m'éclairer, il brûle et m'éblouit.
Je sens tout et je ne vois rien. Je suis emporté,
mais *stupide. Il faut que je sois de sang-froid pour
penser.* Ce qu'il y a d'étonnant est que j'ai cependant le tact assez sûr, de la pénétration, de la
finesse même, *pourvu qu'on m'attende* : je fais
d'excellents impromptus à loisir; mais sur-le-
champ je n'ai jamais rien fait ni dit qui vaille... »

Les idées « me coûtent même à recevoir. J'ai
étudié les hommes et je me crois assez bon obser-
vateur; cependant *je ne sais rien voir de ce que je
vois, je ne vois bien que ce que je me rappelle,* et
je n'ai de l'esprit que dans mes souvenirs. De
tout ce qu'on dit, de tout ce qui se passe en ma
présence, je ne sens rien, je ne pénètre rien. Le
signe extérieur est tout ce qui me frappe. Mais
ensuite tout cela me revient : je me rappelle le
lieu, le temps, le ton, le regard, le geste, la cir-
constance; rien ne m'échappe. Alors, sur ce qu'on
a fait ou dit, je trouve ce qu'on a pensé, et il est
rare que je me trompe. »

Enfin « cette lenteur de penser, jointe à cette
vivacité de sentir, je l'ai même seul et quand je
travaille; mes idées s'arrangent dans ma tête avec

une incroyable difficulté; elles y circulent sourdement; elles y fermentent jusqu'à m'émouvoir, m'échauffer, me donner des palpitations; et, au milieu de toute cette émotion, je ne vois rien nettement, je ne saurais écrire un seul mot; il faut que j'attende. Insensiblement ce grand mouvement s'apaise, ce chaos se débrouille, et chaque chose vient se mettre à sa place, mais lentement, et après une longue et confuse agitation [1]. »

La stupidité, telle qu'on l'entend ici, est une sorte d'étourdissement ou de vertige mental. Elle est une suspension de la pensée proprement dite, ou un affaiblissement de ce pouvoir que l'esprit exerce sur ses images.

La timidité intellectuelle ou *stupidité* nous aidera à comprendre la timidité affective ou *stupeur*. De même que la gaucherie est la manifestation extérieure et visible, la traduction par le geste, par la parole, du désordre momentané des idées dans l'esprit du timide, la stupidité est comme la manifestation à la conscience, le contrecoup intellectuel d'un trouble plus profond, d'une

---

1. Rousseau, *Confessions*, part. I, liv. III. J'ai dù abréger ce remarquable passage. Il est tout entier à lire et à méditer.

émotion paralysante, à laquelle paraît convenir assez bien le nom de *stupeur*.

« Les sentiments, dit Rousseau, ne se décrivent bien que par leurs effets. » La stupeur est, à ce compte, déjà définie par la stupidité et la gaucherie qu'elle engendre ; mais elle peut aussi se définir directement.

Elle est analogue à la timidité intellectuelle ou stupidité, comme l'indique le nom même par lequel je la désigne, et elle revêt deux formes différentes, ainsi que les timidités étudiées déjà. Elle est tantôt une perte complète du sentiment, tantôt un chaos de sentiments contraires. Les sentiments en effet ont à s'organiser comme les idées et les actes ; et de même qu'il y a des esprits lents et lourds, qui ne savent pas fixer ou ordonner leurs pensées, il y a des cœurs sans chaleur et sans élan, qui ne savent pas s'ouvrir, ou ne savent pas, quand ils s'ouvrent, adapter leurs sentiments, les harmoniser, les rendre viables. On a pris Rousseau pour type des premiers, on prendra Amiel pour type des seconds.

Amiel a connu les deux formes de la stupeur.

1° Il a trouvé des mots pour rendre la stupeur profonde, cet état indéfinissable par nature, qui est la conscience vide de sentiment et de pensée.

« ... Un recueillement profond, dit-il, se fait en moi, j'entends battre mon cœur et passer ma vie. Il me semble que je suis devenu une statue sur les bords du fleuve du temps... Je me sens anonyme, impersonnel, l'œil fixe comme un mort, l'esprit vague et universel comme le néant ou l'absolu ; je suis en suspens, je suis comme n'étant pas.... cet état est contemplation, et non stupeur ; il n'est ni douloureux, ni joyeux, ni triste ; il est en dehors de tout sentiment spécial, comme de toute pensée finie [1]. »

On pourrait citer vingt textes de cette nature. Schérer a réuni les plus curieux et les plus significatifs dans l'étude qu'il a publiée en tête du *Journal intime*. L'état analysé ici paraît très éloigné de la timidité. Amiel n'a pourtant fait, croyons-nous, que tirer littérairement un beau parti d'une expérience que tous les timides connaissent, mais que peu sauraient rendre et que quelques-uns même auraient peine à reconnaître dans cette analyse subtile. La stupeur du timide est insaisissable, fuyante ; Amiel l'a fixée, préci-

---

1. Je fais abstraction de l'interprétation métaphysique qu'Amiel donne de cet état : le moi se dépouillerait de sa personnalité, la conscience se retirerait « dans son éternité, s'apercevrait dans sa substance même, supérieure à toute forme, et se ressaisirait dans sa virtualité pure ».

sée et sans doute aussi, et par là même, trans-
formée et agrandie. Il a changé en une idée dis-
tincte la sensation aveugle de la fascination. Il a
décrit l'état d'âme d'un homme frappé de vertige.

2° A côté de cette stupeur profonde, on observe
chez le timide une demi-stupeur, produite par la
fluctuation des sentiments. A côté du timide
anéanti, comme perdu dans l'extase, il y a le
timide en proie à des émotions contraires,
auxquelles il ne se refuse ni ne se livre, entre
lesquelles il ne sait pas choisir. Il ne faut pas
croire en effet que le cœur trouve toujours immédiatement sa voie; il a ses angoisses comme
l'esprit a ses doutes; parfois il se déconcerte, il
se trouble et s'étonne. Amiel a analysé cette
anarchie affective. Il était de ceux qui ne savent
pas suivre leur sentiment, qui boudent leur plaisir, de ceux à qui manquent cette qualité du cœur
qui n'a point dans notre langue de nom spécial,
mais qui répondrait assez bien à ce qu'on appelle,
dans l'ordre intellectuel, la présence d'esprit.

« Il y a en moi, dit-il, une raideur secrète à
laisser paraître mon émotion vraie,... à m'abandonner au moment présent, sotte retenue que j'ai
toujours observée avec chagrin. Mon cœur n'ose

jamais parler sérieusement... Je badine toujours avec le moment qui passe, *et j'ai l'émotion rétrospective.* Il répugne à ma nature réfractaire de reconnaître la solennité de l'heure où je suis; un instinct ironique, qui provient de ma timidité, me fait toujours glisser légèrement sur ce que je tiens, sous prétexte d'autre chose ou d'un autre moment. La peur de l'entraînement et la défiance de moi-même me poursuivent jusque dans l'attendrissement [1]. »

Si le timide ne se livre pas à ses émotions, c'est qu'il ne sait pas en sentir l'attrait présent, et en subit le charme seulement après coup, par imagination ou par souvenir; il manque, non de cœur, mais, si j'ose dire, de présence de cœur. Ainsi il ne répondra pas tout de suite ou il répondra mal à l'amitié et à la tendresse qu'on lui montre; il ne bondira pas non plus sous l'outrage, il n'aura pas de colères brusques et soudaines; il sera également stupéfait de l'affection et de la haine dont il se voit l'objet, il ne comprendra pas tout d'abord ce qu'on lui veut ni ce qu'il éprouve lui-même. Il sait pourtant aimer

---

1. *Journal intime*, t. I, p. 152. On remarquera que cette analyse de la *stupeur* concorde presque de tous points avec l'analyse que Rousseau a faite de la stupidité.

et haïr; mais il aime et il hait par réflexion, son imagination et son cœur s'échauffent lentement.

Le timide ne démêle pas bien non plus ses sentiments; il ne sait pas exactement ce qu'il désire, ce qu'il veut, ni même s'il désire ou s'il veut.

Aussi ne suit-il point ses impulsions, et s'étonne-t-il ensuite de ne pas les suivre. « J'ai toujours évité, dit Amiel, ce qui m'attirait, et tourné le dos où j'aurais voulu secrètement aller. »

Avec toute sa pénétration psychologique, Amiel n'arrive pas, semble-t-il, à pénétrer le secret de ses contradictions. Il s'en prend, et, en un sens, comme nous le verrons plus loin, il n'a pas tort de s'en prendre à la timidité de la perversion de ses sentiments; mais il ne voit pas que sa timidité elle-même est tout d'abord l'effet d'une sensibilité maladive, incohérente et faible.

En résumé, la timidité, à quelques fonctions qu'elle se rapporte, est une inhibition ou un trouble de cette fonction; elle peut se définir l'inorganisation, ou l'organisation imparfaite, soit des actes, soit des pensées, soit des sentiments.

Mais notre analyse est incomplète. Elle ne tient pas compte du caractère éminemment subjectif de la timidité. Être timide, c'est sans doute toujours être gauche ou stupide (par être *stupide* j'entends également ici être atteint de stupidité mentale ou frappé de stupeur); mais être gauche ou stupide, ce n'est pas être nécessairement timide. Être gauche sans savoir qu'on l'est, c'est n'être que lourd ou maladroit; être gauche, et savoir qu'on l'est, et souffrir de l'être, c'est là ce qui s'appelle être proprement timide. La stupidité complète et qui s'ignore, bien plus la stupidité qui se connaît, mais qui s'accepte et se change en attitude ou en habitude, comme la bonhomie de La Fontaine, ne méritent pas le nom de timidité; la timidité est une gaucherie accidentelle, relative, et par là même sentie et douloureuse. En d'autres termes, la timidité n'existe pas *en soi*, avant d'exister *pour nous*; ainsi elle n'est pas la stupidité pure et simple, mais la stupidité qui prend conscience d'elle-même et se fait horreur à elle-même.

II

Nous devons peut-être avant tout nous en prendre à nous-mêmes de notre stupidité, de notre gaucherie, et du malaise qu'elles nous cau-

senl; cependant la timidité nous vient aussi en
partie des autres, et il faut chercher quelles causes
extérieures la provoquent en nous.

Pour découvrir ces causes, on remontera à
l'origine psychologique de toute société, c'est-
à-dire à la sympathie. Par sympathie on entend ici,
non l'affection d'une personne pour une autre,
mais, pour ainsi dire, le courant nerveux qui se
propage d'un individu à un autre, et qui fait que
l'un ressent par contre-coup ou par influence
toutes les émotions de l'autre.

Chacun de nous tend instinctivement à se
mettre au ton de ceux avec lesquels il vit, à
imiter leurs actes, à épouser leurs sentiments, à
subir leurs idées. Or le timide est réfractaire par
nature à la magnétisation sociale; il ne peut se
dépouiller de ses façons d'être, de sentir, il ne
sait pas se modeler sur autrui. Il sait encore moins
s'imposer aux autres, les façonner à son image,
faire passer en eux ses sentiments, ses pensées.
Il ne peut donc ni forcer ou obtenir la sympathie
des autres ni sympathiser lui-même avec eux. Il
a conscience de cette double incapacité; il en
souffre, et c'est là son mal. La timidité est un
besoin de sympathie trompé.

Tous les cas d'intimidation, si différents qu'ils

soient, si contradictoires qu'ils paraissent, rentrent dans cette définition.

Ainsi nous pouvons très bien expliquer pourquoi on est intimidé tour à tour devant un public nombreux et devant une seule personne, devant des étrangers et devant des gens qu'on connaît.

Un public nombreux étant composé de personnes différentes, on sent l'impossibilité de sympathiser avec toutes, car les raisons mêmes, par lesquelles on serait sympathique aux unes, nous rendraient antipathique aux autres. De plus un public nombreux est en partie un public d'inconnus, et avec les inconnus les points de contact manquent, les moyens de communiquer font défaut ou sont à chercher.

Est-on au contraire à l'aise en public et déconcerté devant une seule personne? C'est qu'alors on se résigne à n'avoir avec le grand public qu'une sympathie superficielle et vague, tandis qu'on voudrait rencontrer dans le tête-à-tête une sympathie entière, portant sur les détails, et qu'on reconnaît la difficulté de faire naître une telle communauté de sentiments et de pensées. La timidité ou la crainte de ne pas sympathiser avec les autres doit naturellement revêtir autant de formes spéciales qu'il y a de degrés ou de

nuances dans la sympathie que nous cherchons à
établir entre eux et nous.

Enfin, si nous sommes intimidés parfois par
des personnes de notre connaissance, voire même
de notre intimité, c'est justement que nous
nous rendons compte à quel point la sympathie
d'eux à nous est malaisée, c'est que nous avons
mesuré l'abîme qui sépare leurs pensées et leurs
sentiments des nôtres. Rien de plus fréquent, rien
de plus naturel aussi que la timidité entre parents
et enfants. Cette timidité que déguise la familiarité extérieure, le tutoiement, etc., est presque
toujours réelle, et est parfois de part et d'autre
douloureusement sentie[1]. C'est qu'il est plus diffi-

1. On lit dans l'*Adolphe* de Benjamin Constant : « La conduite de mon père avec moi était plutôt noble et généreuse
que tendre. J'étais pénétré de tous ses droits à ma reconnais-
sance et à mon respect; mais aucune confiance n'avait jamais
existé entre nous... Je ne me souviens pas, pendant mes huit
premières années, d'avoir jamais eu un entretien d'une heure
avec lui. Ses lettres étaient affectueuses, pleines de conseils
raisonnables et sensibles; mais à peine étions-nous en présence l'un de l'autre qu'il y avait en lui quelque chose de contraint que je ne pouvais m'expliquer, et qui réagissait sur moi
d'une manière pénible. Je ne savais pas alors ce que c'était
que la timidité... Je ne savais pas que, même avec son fils,
mon père était timide, et que souvent, après avoir attendu de
moi quelques témoignages d'affection que sa froideur apparente
semblait m'interdire, il me quittait les yeux mouillés de
larmes et se plaignait à d'autres de ce que je ne l'aimais pas. »
Par cette timidité des pères qu'on juge de celles des enfants!
Cf. ce que Stuart Mill dit de son père, *Mémoires*, tr. fr., p. 50,

cile en un sens de sympathiser que de s'aimer.
Il peut s'établir une affection profonde entre des
individus d'âge différent, n'ayant ni les mêmes
impressions, ni les mêmes souvenirs, ni le même
tour d'imagination, ni les mêmes façons de sentir,
mais il paraît malaisé que cette affection revête
un caractère de cordialité et d'abandon, tandis
que de légères amitiés, des camaraderies banales
ont, surtout dans la jeunesse, ce privilège char-
mant d'admettre d'emblée une parfaite entente et
d'entraîner un épanouissement total[1]. La timidité
est donc une gêne qui peut subsister dans l'intimité la plus grande : elle est un effet de l'intimité
elle-même, quand cette intimité est assez grande

et Tourgueneff, *Pères et enfants*. Citons encore le témoignage
de Bourget : *le Disciple*, p. 99. « Il existe une psychologie
rudimentaire pour laquelle ces mots : mère et fils sont syno-
nymes d'absolue tendresse, d'entente intime des âmes. Peut-
être en est-il ainsi dans les familles de tradition ancienne,
quoique, en nature humaine, je ne croie guère à ce qui suppose
une simplicité entière des rapports entre personnes d'âge et de
sexe différents. En tout cas, les familles modernes présentent
sous les étiquettes conventionnelles les plus cruels phénomènes de divorce secret, de mésintelligence foncière, quelquefois de haine. » Le phénomène qu'on désigne sous le nom
d'*incompatibilité d'humeur* est de même très différent de la
haine, et peut se définir, en certains cas, l'absence de sympathie entre personnes qui s'estiment et qui s'aiment.

1. Goethe a bien caractérisé ces camaraderies, qui simulent
l'amitié, et vont même plus loin qu'elle dans la voie de l'épanchement et des confidences. « En ce temps-là, dit-il en parlant
de sa jeunesse, on avait des notions assez étranges sur

pour laisser percevoir la dissonance des âmes les plus tendrement unies; et elle est un obstacle à l'intimité, quand elle ôte aux âmes faites pour se rechercher et s'aimer le goût et le désir de contracter une amitié qui ne laisserait pas d'être compatible avec une telle dissonance.

L'absence de sympathie, qui explique la persistance de la timidité au sein de l'affection, explique aussi la timidité à l'égard des personnes du caractère le plus opposé, par exemple à l'égard des réservés et des indiscrets, des solennels et des sans-façon. En effet, les froids, les guindés ne nous laissent pas voir s'ils sympathisent avec nous, et par là nous ôtent les moyens de sympathiser avec eux. Au contraire, les indiscrets laissent trop transparaître leur âme égoïste ou superficielle et légère; nous sentons qu'ils n'entrent pas et ne se donnent pas la peine d'entrer dans nos sentiments, et nous éprouvons nous-mêmes pour les leurs de l'indifférence ou de l'aversion.

Enfin, les gens d'esprit et les sots nous inti-

l'amitié. Des jeunes gens impétueux ne se cachaient rien les uns aux autres... Ces relations, qui impliquaient de la confiance, passaient pour de l'affection, pour une véritable tendresse; je m'y suis trompé comme les autres, et j'en ai souffert de plus d'une façon durant plusieurs années. » Ceci doit un peu consoler les parents de n'entrer point dans l'intimité de leurs enfants : l'intimité n'est pas la tendresse.

mident tour à tour. C'est que l'inégalité intellectuelle, quelle qu'elle soit, crée un obstacle à la sympathie; nous ne pouvons pas ou ne croyons pas pouvoir comprendre ceux qui, par le tour habituel de leurs pensées, sont trop au-dessus de nous, et nous ne pouvons pas ou ne croyons pas pouvoir nous faire comprendre davantage des intelligences trop grossières. Pour la même raison les conversations élevées et les conversations banales nous mettent également au supplice : les premières sont de celles où l'accord des idées et des sentiments est trop difficile à réaliser; dans les secondes, cet accord n'a pas même chance de se produire, puisqu'il ne s'y fait point un véritable échange d'idées et de sentiments.

Ainsi la timidité a beau prendre les formes les plus inattendues, les plus paradoxales, elle peut toujours être définie, en termes métaphysiques, le sentiment aigu de l'incommunicabilité des monades. Nous sommes fermés les uns aux autres : cela est vrai dans l'ordre du sentiment plus encore que dans celui de la pensée. La timidité est une défiance de soi et des autres qui vient de l'incapacité de se faire connaître d'eux ou de les connaître, au moins entièrement; elle est la gêne causée par cette incapacité trop vivement sentie.

III

Nous avons analysé la timidité; nous avons essayé d'en saisir les traits élémentaires et simples, et de la rattacher à ses causes individuelles et sociales; il reste à en suivre l'évolution, à indiquer ses degrés et ses modes.

On doit distinguer d'abord l'*intimidation*[1] et la *timidité* proprement dite. La première est un accès passager, une crise; la seconde, un état chronique, une diathèse. Elles s'engendrent l'une l'autre, elles mêlent et confondent leurs effets, mais elles n'en ont pas moins leurs caractères propres. Quoique la timidité se produise naturellement à la suite d'intimidations répétées, on peut être intimidé, et même l'être souvent, sans être proprement timide. On peut de même être timide sans le laisser voir, bien plus, sans avoir de trop fréquents accès d'intimidation, quoiqu'il soit dans la nature de la timidité de provoquer ces accès.

Le passage de l'intimidation à la timidité a lieu

---

1. Je prends la liberté de détourner ici quelque peu le mot de son acception ordinaire; l'intimidation, au sens courant, est le *fait d'intimider*; au sens spécial que je lui donne ici, elle est le *fait d'être intimidé*.

de deux manières : ou bien la timidité se forme et se développe selon les lois de l'association et de la mémoire, ou bien elle naît de la réflexion.

Le pli de la timidité se prend machinalement. Une personne nous a-t-elle une fois intimidés? Désormais nous ne pouvons plus être rassurés en sa présence, et le raisonnement s'applique en vain à détruire cette impression première. Toutefois, il est à noter que ce n'est pas de la simple accumulation des intimidations passées, mais du souvenir, resté présent, de ces intimidations qu'est faite notre timidité. L'habitude est généralement une mémoire aveugle; la timidité habituelle est une mémoire restée, par exception, clairvoyante; plus exactement, elle est une des formes de cette mémoire affective qu'a si bien analysée M. Ribot.

Mais le plus souvent, c'est la réflexion qui transforme l'intimidation en timidité : le timide, qui se sait tel, se décourage, s'abandonne ou lutte contre son mal, mais si maladroitement qu'il l'aggrave. Chez lui, la conscience est comme un mauvais œil; il est déconcerté par le regard qu'il jette sur lui-même comme il le serait par le regard d'autrui. A proprement parler, la réflexion ne produit pas la timidité, elle la confirme; elle ne la fixe pas, elle la développe; elle ne la grave pas, elle l'aggrave. Elle lui trouve des raisons d'être, tout au moins des excuses; souvent elle l'encourage, et elle en change toujours la nature première. Nous distinguerons une timidité brute et spontanée et une timidité réfléchie et systématique, et nous étudierons chacune en son lieu. Mais il suffit présentement de dresser la carte du terrain que nous avons à parcourir.

CHAPITRE II

V. — Processus moteur de la timidité. — Réduction
à l'unité des mouvements qui produisent la timidité et sont produits par elle, qui l'expriment et la
dissimulent. — Loi d'association qui régit ces mouvements, et effets de cette loi. — Caractère automatique et aveugle de tous les mouvements liés à la
timidité, y compris les actes simulateurs de la
timidité. — Origine de la timidité : l'émotion. —
Ce qu'il faut entendre par ce mot : *être démonté*.

La timidité se prête mal à une étude objective ;
elle se manifeste par trop d'effets, et de trop complexes, et de trop contraires. Mais d'autre part,
si, pour la connaître, on interroge sa conscience
ou ses souvenirs, réussira-t-on à déblayer cette
montagne de notions acquises qui recouvre,
comme dit Mill, tout témoignage intime? En
fait, ceux qui éprouvent la timidité ne peuvent
s'empêcher de l'expliquer; mais en l'expliquant,
ils la compliquent; ils ne savent pas seulement
s'observer et se décrire; ils se justifient et
s'excusent. Essayons cependant de faire abstraction des sophismes par lesquels le timide se
déguise sa faiblesse, des commentaires auxquels
il se livre sur ses états, des hypothèses par lesquelles il essaie de s'en rendre compte, et effor-
çons-nous de saisir la timidité à l'état initial,
sous sa forme élémentaire et simple.

I

Considérons même provisoirement la timidité comme un trouble nerveux; laissons-en de côté l'élément psychique. Il y a peut-être une timidité toute physique; il y a, à coup sûr, dans toute timidité, un élément mécanique et aveugle. La physiologie peut fournir le point de départ et la base d'une théorie psychologique de la timidité, sans dispenser d'ailleurs d'une telle théorie.

Il y a une timidité qui semble ne pas avoir de causes psychologiques. Cette timidité est à la fois la plus intense et la plus commune. Elle s'appelle le *trac*. On ne sait ni comment ni pourquoi elle se produit; on la constate, on renonce à l'expliquer.

Tel est par exemple l'affolement que produit la vue d'un public nombreux. Personne n'est au-dessus du trac. Un Rochefort, qui a l'âme d'un « forban », est, dit Lemaître, à sa manière, un timide. « Cet homme de trop de nerfs, soulevé par les flots de la foule, pâlit et se trouve mal comme sur les flots d'une mer. » De même Cicéron, habitué à la tribune, en possession de tout son talent, ne put prononcer un de ses discours les mieux préparés, la Milonienne.

Le trac est une émotion poignante, que la volonté la plus forte ne dompte point, dont la raison ne peut se rendre maîtresse, et dont on ne se défait jamais. « Un de mes vieux maîtres, qui fut professeur d'éloquence sacrée à l'Académie de Turin, dit Mosso [1], ne pouvait parler s'il n'était assis, tant ses jambes tremblaient, et, en dernier lieu, il dut renoncer aux triomphes qu'il devait à son éloquence, parce que, le discours terminé, il ne pouvait plus se lever de sa chaise, ni en descendre, ni marcher. » Sarcey, qui a fait en sa vie tant de conférences, prétend qu'aujourd'hui encore il n'en fait jamais une sans passer par les transes du trac. Il faut citer ce que Me Cléry raconte des « émotions, des angoisses qui précédaient » les plaidoiries des maîtres du Palais, émotions « se révélant chez quelques-uns par de véritables souffrances physiques ».

« Paillet, par exemple, le jour d'une affaire importante, s'en allant à pied au Palais, rasant les murs en construction, dans le vague espoir qu'une poutre mal dirigée lui casserait la jambe et disant : « C'est ça qui serait un bon prétexte pour ne pas « plaider! » Et Chaix d'Est-Ange dont la main

1. *La Peur*, tr. fr., p. 4; Paris, Félix Alcan.

tremblait si fort qu'il pouvait à peine se raser sans se mettre la figure en sang! Et Bethmont que j'ai vu, au moment d'aborder la barre, pris de vomissements presque incoercibles! Et tant d'autres, et je pourrais dire tous les autres... j'entends tous ceux qui ont eu du talent! »

II

Une timidité si irraisonnée, si déraisonnable, paraît bien être une émotion physique, analogue à la crainte des abîmes ou au vertige. D'autre part n'est-elle pas la timidité-type, je veux dire la timidité réduite à ses traits élémentaires et portée à l'état aigu?

La timidité élémentaire, dont le trac nous fournit un type si complet, rentre dans les maladies de la volonté. Elle est un fait assez commun sans doute pour être appelé normal, mais assez étrange aussi pour paraître pathologique déjà. On peut dire qu'elle éclaire les formes morbides du vouloir, en même temps qu'elle est éclairée par elles. Elle explique notamment et fait trouver naturelle la *peur des espaces*, ou, plus justement, d'un espace *vide* et *éclairé*, où l'on est *en vue*. Qui

ne s'est senti gêné d'avoir à traverser dans sa
longueur un salon fort grand, sous des regards
nombreux? C'est là l'origine et le principe de
l'agoraphobie. D'autre part, l'agoraphobie nous
avertit de ce qu'il y a de maladif déjà dans cette
timidité qui fait qu'on rase les murs au lieu de
traverser une place, qu'on évite de se mettre en
avant, qu'on fuit les regards.

Le trac rappelle encore le phénomène si étrange
de la *fascination*, décrit par le Dr Mesnet. Quand
il sent se fixer sur lui le regard d'autrui, le timide
éprouve un véritable malaise physique. C'est
pourquoi il est honteux, se cache et prend en
aversion les lieux mêmes fréquentés par la foule.
Par là s'expliquent ses singularités, ses manies.
Je sais telles personnes qui ne goûtent pleinement
le plaisir de la conversation qu'à l'heure dite entre
chien et loup, dans un appartement sans lumière.
Je détache ces lignes du carnet d'un timide :
« Mes moments de décision sont la nuit ; tout ce
qui dans le jour me paraissait inabordable me
semble alors aisé : parler aux gens devient, à mes
yeux, une chose naturelle et simple. Mes scrupules aussi tombent ; je vois les actes à accomplir
plus nettement et mieux ; telle démarche par
exemple, devant laquelle je reculais, m'apparaît

comme obligatoire, indiquée, et non au-dessus de mes forces. » Benjamin Constant prête à son Adolphe, qui est un type de timide, ce trait de caractère trop particulier, trop précis pour être inventé. « Je ne me trouvais à l'aise que tout seul, et tel est, même à présent, l'effet de cette disposition d'âme que, dans les circonstances les moins importantes, quand je dois choisir entre deux partis, la figure humaine me trouble, et mon mouvement naturel est de la fuir pour délibérer 'en paix. » Ainsi la honte elle-même a une origine toute physique; l'expression *être démonté* n'indique point un état d'âme, mais un trouble nerveux, et la timidité en général est un phénomène qu'il faut renoncer à comprendre psychologiquement d'une manière complète.

Toutefois il ne faut pas exagérer non plus son caractère aveugle et la mettre exclusivement sur le compte des « vapeurs » ou des « nerfs ». D'abord toute timidité n'est pas réductible au trac, et le trac lui-même comporte déjà une explication psychologique. On serait tenté de dire qu'il est par exemple la crainte aveugle de la foule, et qu'il a pour point de départ une vision terrifiante, celle des regards nombreux et scruta-teurs qu'on sent braqués sur soi. Mais cette vision

est-elle terrifiante en elle-même? Ne l'est-elle pas,
ne le devient-elle pas en tout cas davantage par
les idées qu'elle évoque? La foule exerce sans
doute par elle-même sur le timide une action
physique; elle secoue ses nerfs; par suite elle
exalte ses sentin.ents, elle exaspère sa timidité;
mais elle ne la crée pas. L'aspect et le nombre
des personnes est la cause première, mais n'est
qu'une cause occasionnelle de la timidité qu'elles
inspirent; le caractère qu'on leur suppose, les
jugements qu'on leur prête en sont la cause essen-
tielle. Quand il entre en contact avec le public, le
timide a l'intuition rapide, nette et profonde de
la disparité d'âme qui existe entre lui et ces
hommes qui l'entourent, et c'est là ce qui l'affole.
Me Cléry explique très bien dans le même sens le
trac des grands avocats : « Ce dont ils avaient
peur, c'était que la pensée ne se présentât pas
avec le mouvement et la chaleur qui devaient la
rendre communicative; que ce je ne sais quoi
enfin qui forme le courant sympathique entre
l'orateur et l'auditeur ne s'établît pas entre un
orateur mal inspiré et un auditoire rebelle. »

Si machinale ou aveugle que soit la timidité,
elle est donc autre chose qu'une angoisse physique, ou plutôt elle est une telle angoisse jointe

à la crainte, plus ou moins consciente, mais toujours réelle, de manquer la sympathie ou de se heurter à l'antipathie d'autrui.

III

Mais faisons abstraction de cette crainte, et considérons la timidité comme un phénomène purement moteur; réduisons-la à n'être que la gaucherie. Aussi bien il importe de connaître le mécanisme de la timidité, si l'on veut en comprendre la nature. Quand on sait par quels actes la timidité se traduit, on n'est pas loin de savoir pourquoi elle se produit.

De ce point de vue on trouve d'abord une confirmation nouvelle de l'analogie signalée plus haut entre la timidité et l'aboulie : les deux phénomènes sont soumis à une même loi.

L'aboulie atteint les « mouvements ordonnés », et respecte « les mouvements instinctifs [1] ». De même la timidité entrave les actes réfléchis, proprement volontaires, mais ne dérange point l'exécution machinale des actes habituels. Ainsi celui qui a l'usage du monde pourra être, dans un

---

1. Billod, cité par Ribot, *Maladies de la volonté*; 4° édit. p. 48.

salon, intérieurement gêné, et cependant s'y mouvoir à l'aise; il pourra trouver et dire les compliments obligés; il soutiendra fort bien une conversation banale; il aura une attitude correcte; mais il lui arrivera de se retirer sans avoir osé aborder la question qui faisait l'objet de sa visite. Au contraire, le timide à la façon de Rousseau, celui qui manque « d'usage », sera extérieurement gauche, empêtré et stupide; mais il pourra être aimable, éloquent et spirituel, si le sujet de la conversation l'intéresse, si les personnes qui l'entourent lui plaisent et arrivent à le dégeler. Dans les deux cas, c'est la volonté fortement organisée, celle que soutient la nature ou qu'a façonnée l'habitude, qui produit l'aisance, et la volonté réfléchie, ayant à raisonner et à combiner ses actes, ou la volonté en voie de formation, qui se déconcerte et se trouble.

Il suit de là que la timidité est une gaucherie spéciale. La gaucherie en général ne porte pas exclusivement en effet sur les mouvements volon-taires : il y a la gaucherie de l'enfant, ou mala-dresse des mouvements naturels, et la gaucherie du paysan et du lourdaud, ou maladresse des mouvements habituels. La gaucherie du timide est tout autre : elle est celle des mouvements qui ne sont plus naturels et qui ne sont pas encore définitivement acquis, c'est-à-dire des mouvements proprement volontaires.

D'autre part, comme le caractère des actes de l'instinct et de l'habitude est d'être automatiques ou aveugles, on pourra définir la gaucherie de l'enfant et du lourdaud une timidité qui s'ignore, la gaucherie du timide, ou maladresse des mouvements volontaires, étant par opposition la gaucherie consciente.

En résumé la timidité n'est pas la gaucherie, puisque la gaucherie se rencontre sans la timidité; elle n'est pas non plus, pour parler vulgairement, une *idée*, une autosuggestion pure, puisqu'elle ne va point sans la gaucherie ou stupidité; elle renferme toujours et nécessairement un élément moteur et un élément psychique; et ces deux éléments, à nos yeux, sont d'égale importance, et ne peuvent être qualifiés, l'un, de phénomène, l'autre, d'épiphénomène.

IV

La timidité n'étant qu'à la condition d'être consciente, il faut chercher quelle est la relation précise de la timidité et de la conscience en général, et quelle est la forme particulière de la conscience chez le timide.

La timidité et la conscience ont une origine commune : elles traduisent toutes les deux un état d'incoordination cérébrale. La conscience en effet n'est point liée à telle ou telle fonction, mais à un mode particulier de l'exercice des fonctions du cerveau, à savoir de celui qui n'est pas définitivement organisé et fixé. L'accomplissement des fonctions cérébrales qui, par l'effet de l'habitude, serait devenu parfait, « n'exciterait pas plus notre esprit que nos fonctions organiques... L'inconscience serait l'état de l'intelligence complètement adaptée [1]. » De ce que l'incoordination est la condition de la conscience, il suit qu'il ne saurait y avoir d'état plus conscient que la timidité, laquelle est une incoordination des pensées, des sentiments et des actes.

Mais l'incoordination cérébrale a des degrés : ou elle disparaît à peine née, ou elle se prolonge.

Dans le premier cas, quand elle n'est qu'un acheminement à la coordination, elle pourra être définie métaphoriquement un état de malaise, mais de malaise fécond; elle sera par exemple

---

1. Paulhan, *les Types intellectuels*, p. 41, 427; Paris, Félix Alcan.

la gestation intellectuelle, l'effort par lequel la pensée se forme et s'organise. Les esprits originaux et inventifs, mais qui enfantent dans la douleur, comme Rousseau, ont maudit la pensée, cet état incommode et « contre nature », et ont chanté la rêverie, ce déroulement relativement automatique des images, qui représente l'allure libre et spontanée de l'esprit [1]. Mais ils auraient pu aussi bien célébrer les joies du travail et de la découverte. La conscience, qui accompagne l'incoordination relative et provisoire, est normale comme l'état qu'elle révèle; elle s'appelle d'un mot l'attention. L'attention a une fonction utile; elle guide la main ou l'esprit; elle surveille et dirige l'adaptation des mouvements et des pensées.

Dans le second cas, celui de l'incoordination complète et prolongée, il se produit un trouble, un désarroi de l'esprit. La conscience n'est plus la conscience normale, simplement éveillée, attentive, mais la conscience agitée, exaspérée, maladive. La conscience normale révèle un état d'incoordination, et le pouvoir d'y mettre fin; la conscience morbide révèle un état d'incoordination, et l'incapacité d'en sortir. Suivant les cas

1. Voir Rousseau, *Rêveries*, 5° et 7° Promenade. Cf. Amiel : *Journal intime*, t. I, p. 52-53.

où elle se produit, la conscience répond donc à un besoin, ou est au contraire un luxe et une gêne. La conscience normale est comme l'attention et le soin donnés à l'organisation des opérations psychiques, elle est utile; la conscience morbide, ou timidité, ne fait que souligner, accentuer et accroître le trouble de ces opérations; elle n'est pas seulement surérogatoire, mais encore nuisible. La conscience normale accuse l'effort par lequel s'organisent, la timidité, la peine avec laquelle s'organisent les actes volontaires; l'une tend à donner, l'autre à ôter à ces actes leur justesse.

La timidité et la conscience ne se produisent donc pas exactement dans les mêmes conditions, ne sont pas de même nature, et ne tendent pas à la même fin.

V

On a dû montrer le rapport des éléments psychique et moteur de la timidité. Faisons de nouveau abstraction du premier, et étudions exclusivement le processus moteur de la timidité.

On ne décrira point les mouvements liés à la timidité : le tremblement des lèvres, le clignotement des yeux, la toux, le ricanement, la dilatation des vaisseaux capillaires, ou rougeur, etc. On se contentera de classer ces mouvements et d'en rechercher l'origine et la nature.

Ils se rangent à première vue en trois groupes : ceux qui déterminent la timidité, ceux qui l'expriment et ceux qui la déguisent. On va voir que, si divers qu'ils paraissent, tous ces mouvements ont la même origine et sont de même nature.

Tout d'abord la distinction des mouvements qui produisent la timidité et de ceux qu'elle produit est artificielle. Il y a sans doute deux timidités : l'une, à origine périphérique, l'autre, à origine centrale. Tantôt c'est l'attitude embarrassée qui évoque le sentiment de la timidité, tantôt c'est le sentiment de la timidité qui provoque la gêne ou le trouble des mouvements. Ainsi la rougeur cause la honte, et la honte fait rougir. Qu'une femme s'avise qu'elle est laide, mal habillée, et que cela se voit, elle perdra aussitôt l'aisance et la grâce qui lui sont naturelles, elle sera *déconcertée*. Mais elle aurait pu aussi bien être déconcertée d'abord, et s'aviser seulement après coup qu'elle est laide, mal habillée, et que cela se voit. La timidité est donc inséparable des mouvements qui l'accompagnent, et qui en deviennent les signes extérieurs. Ajoutons que ce qu'on appelle le sentiment de la timidité est la représentation anticipée des mouvements qui l'expriment. Être intimidé en effet, c'est évoquer toutes les sottises ou maladresses que peut faire commettre la timidité; la timidité, c'est la gaucherie qui se conçoit et se sent venir.

Ainsi les mouvements que produit la timidité sont les mouvements mêmes dont ce sentiment dérive, remémorés et reproduits, et ces mouvements deviennent ensuite, pour un spectateur du dehors, les signes de la timidité.

Bien plus, les mouvements par lesquels la timidité se déguise sont ceux mêmes par lesquels elle s'exprime *refrénés* ou *retournés*. La timidité se fait peur à elle-même; elle craint surtout de se montrer aux yeux des autres; elle se retient d'être et de paraître. Les mouvements par lesquels elle est produite et s'exprime seront donc comme ressaisis, arrêtés au passage : de là l'attitude raide et guindée du timide, sa sobriété ou son absence de gestes, sa voix blanche. Mais il y a deux manières de ralentir ou de suspendre un mouvement : l'une, directe, consistant à agir sur le muscle qui le produit, l'autre, indirecte, consistant à agir sur les muscles antagonistes. Il suit de là que la timidité suscitera parfois des mouvements contraires à ceux qu'elle produirait naturellement. Ainsi le timide, au lieu de rester muet, immobile, parlera beaucoup et très haut, se démènera, fera beaucoup de gestes : il exprimera ou s'efforcera d'exprimer les sentiments qui lui manquent, l'audace, la confiance.

En résumé, les mouvements qui déguisent la timidité sont ceux qui l'expriment, retenus ou contrariés, ceux qui l'expriment sont ceux qu'elle engendre naturellement, et ceux qu'elle engendre sont ceux qui la produisent, évoqués et suscités par l'imagination.

Les mouvements de la timidité, ainsi ramenés à l'unité, sont également tous soumis à une même loi : la loi d'association. Un mouvement gauche en suscite d'autres, toute gaucherie tend à se généraliser. La gaucherie se produit de deux manières : ou l'éveil spontané d'un tic, d'une habitude vicieuse, d'une maladresse quelconque, est le point de départ et le signal d'une stupidité générale, d'un abêtissement du corps et de l'esprit, ou au contraire une disposition générale à la maladresse, un malaise du vouloir, se traduit par quelque éclat fâcheux, qui en entraîne d'autres.

Mais la timidité affecte toujours le système moteur tout entier.

De là les conséquences suivantes. Qu'on laisse échapper un seul mouvement gauche, et qu'on en ait conscience, surtout qu'on le croie remarqué, aussitôt le branle est donné, tout l'appareil moteur se démonte, la crise d'intimidation éclate. Inversement, si on pouvait supprimer le mouvement initial de l'intimidation, on supprimerait, dans bien des cas, l'intimidation elle-même. Combien ne seraient plus intimidés, s'ils pouvaient par exemple s'empêcher de rougir! Je citerai un cas curieux : P... enraye ses accès d'intimidation par l'emploi de la cocaïne sous forme de collyre : « J'ai la vue faible, dit-il, et mes yeux clignotent à la lumière trop vive. La cocaïne ayant pour effet d'immobiliser l'œil momentanément, quand j'en fais usage, je puis fixer mon interlocuteur, et cela me donne de l'aplomb. » Si on voulait raffiner, on dirait que l'usage du fard, du voile et de la voilette ont peut-être une origine analogue.

De même encore, s'il suffit d'un mouvement gauche pour ôter à l'ensemble des mouvements leur justesse, il suffira d'un mouvement juste pour la rétablir. C'est pourquoi, quand on est intimidé, instinctivement on s'agite, on se démène, au lieu de rester coi : on sent bien que, s'il arrive de rencontrer un mouvement naturel, une parole juste, on se raccrochera à ce mouvement, à cette parole, et on retrouvera son aisance. Sans doute on ne réussit pas toujours ainsi à enrayer, on ne fait bien souvent que précipiter l'accès d'intimidation, mais enfin l'effort est louable et quelquefois aboutit. L'agitation convulsive que produit parfois la timidité se trouve ainsi expliquée ; elle a sa finalité et même son utilité relative.

La timidité n'est pas suffisamment expliquée par la réduction à l'unité des mouvements qui l'accompagnent et la détermination de leur loi : il faudrait indiquer la nature de ces mouvements et pour cela remonter à leur origine.

La timidité a été définie une perturbation des mouvements volontaires. Mais des mouvements ne peuvent être troublés que par d'autres mouvements : dans le cas de la timidité, les mouvements volontaires sont troublés par des mouvements spontanés ou automatiques. Que les mouvements propres de la timidité soient involontaires, c'est ce qui est évident, mais qu'ils le soient tous, même ceux par lesquels la timidité se déguise, c'est ce qu'il faut prouver.

3.

On sait que le premier soin du timide est de cacher aux autres son embarras. La timidité peut se trahir, mais elle ne s'avoue point ; la simulation fait partie de sa nature, non toutefois la simulation réfléchie, calculée, mais le mensonge instinctif et de premier mouvement, la cachotterie peureuse. Au nombre des impulsions aveugles de la timidité est l'effort que le timide fait pour surmonter son trouble, et empêcher qu'il n'apparaisse.

La timidité est spontanée, alors même qu'elle paraît hypocrite, qu'elle se montre pleine de détours, compliquée et subtile. Elle l'est jusque dans les mensonges qu'elle suggère. On sait en effet que le timide est menteur, comme l'hystérique. Mais il l'est par affolement, par incontinence de langue ; c'est un point que Rousseau a bien mis en lumière. Le mensonge du timide est involontaire ; il lui échappe ; si bien combiné qu'il paraisse, il est toujours la première idée folle qui surgit en son esprit troublé. Il représente ce qui lui vient, non ce qu'il a prémédité, cherché.

« Il arrive souvent, dit Carré de Montgéron, que la bouche des orateurs prononce une suite de paroles indépendantes de leur volonté, en sorte qu'ils s'écoutent eux-mêmes comme les assistants; et *qu'ils n'ont conscience de ce qu'ils disent qu'à mesure qu'ils le prononcent* [1]. »

Ainsi s'expliquent, non pas certes tous les mensonges des timides, car les timides mentent comme les autres hommes, intentionnellement et par intérêt, mais les *mensonges de timidité* proprement dits. C'est ce qu'affirme Rousseau.

« La marche de la conversation, plus rapide que celle de mes idées, me *forçant presque toujours de parler avant de penser*, m'a souvent suggéré des sottises et des inepties, que ma raison désapprouvait et que mon cœur désavouait, à mesure qu'elles s'échappaient de ma bouche, mais qui, *précédant mon propre jugement*, ne pouvaient plus être réformées par sa censure. C'est encore *par cette première et irrésistible impulsion de mon tempérament* que, dans des moments imprévus et rapides, *la honte et la timidité m'arrachent souvent des mensonges auxquels ma volonté n'a point de part, mais qui la précèdent en quelque sorte*, par la nécessité de répondre à l'instant [2]. »

1. Janet, *l'Automatisme psychologique*, p. 216; Paris, Félix Alcan.
2. *Les Rêveries*, 4ᵉ promenade. Rousseau explique de la sorte, un peu complaisamment peut-être, tous les mensonges de sa vie : « Je n'ai jamais menti que par timidité », et en particu-

Le mensonge du timide serait donc innocent, étant « l'effet machinal de son embarras », et ne deviendrait coupable que parce qu'après l'avoir débité par étourderie, le timide le soutiendrait effrontément et de sang-froid. *Perseverare diabolicum!* Encore Rousseau prétend-il que la timidité est une force invincible qui, après avoir provoqué le mensonge, rendrait la rétractation impossible. Si cette explication est vraie, la timidité mensongère est, soit une impulsion aveugle à un acte que la raison condamne, soit un arrêt également aveugle d'un acte que la raison commande. Dans les deux cas, elle est le triomphe de l'automatisme sur la volonté, de l'instinct sur l'intelligence.

Les mouvements de la timidité sont donc tous sans exception des mouvements spontanés et aveugles, venant se jeter à l'encontre des actes réfléchis et volontaires, et troubler ces actes. Mais d'où vient ce retour offensif de l'instinct ou de l'automatisme aveugle dans une volonté et

lier la fausse accusation de vol, portée contre la servante Marion. « A ne considérer que la disposition où j'étais en le faisant, ce mensonge ne fut que le fruit de la mauvaise honte... C'est un délire que je ne puis expliquer qu'en disant, comme je crois le sentir, qu'en cet instant mon naturel timide subjugua tous les vœux de mon cœur. »

une intelligence toutes formées? De l'émotion qui s'empare du timide et lui fait perdre en un instant tout l'empire qu'il semblait avoir acquis sur ses nerfs, partant sur ses pensées et ses actes. On sait le paradoxe de Diderot sur le comédien : pour être un bon acteur, maître et sûr de son jeu, il faut être « blasé ». Être blasé, ou plutôt être calme et de sang-froid, c'est justement là ce qui manque au timide. Stendhal, analysant sa timidité, dit aussi : « Je ne commence à être moi-même que lorsque je suis accoutumé, *blasé*... Je remarque qu'en toute chose, pour bien faire, j'ai besoin de me *blaser* un peu. »

Les mouvements volontaires ne sont que les mouvements instinctifs qu'on a pris l'habitude de discipliner et de diriger; la volonté comporte donc des degrés; elle est plus ou moins parfaite, suivant que la mainmise sur les réflexes est plus ou moins complète. Chez le timide, la volonté reste toujours imparfaite et précaire, en ce sens qu'elle est à la merci d'une émotion, qui *démonte* (c'est le mot propre) tout le mécanisme formé par l'éducation, qui fait perdre en un moment le bénéfice des habitudes acquises.

La timidité peut être définie une volonté qui a perdu ses moyens d'action. On voit s'opérer en elle d'une façon très nette la dissociation des éléments représentatifs et actifs du vouloir : « Vouloir, dit Marie Bashkirtseff, mais pour vouloir, il faut encore pouvoir. Ceux qui réussissent avec un *je veux* sont soutenus, à leur insu, par des forces secrètes qui me manquent. » Le timide veut produire certains actes, et sent son incapacité de les produire. L'émotion qu'il éprouve a laissé sa résolution intacte, mais a aboli son pouvoir d'exécution. La timidité n'est-elle pas dès lors une aboulie passagère? N'est-elle pas l'abolition de la volonté, et la mise ou plutôt la remise en liberté des réflexes, sous le coup d'une émotion?

CHAPITRE III

LA TIMIDITÉ BRUTE OU SPONTANÉE (*suite*).
LA TIMIDITÉ RATTACHÉE AU TEMPÉRAMENT·

I. — Le timide est un *impressionnable*. Il a un besoin de sympathie exigeant et aigu, jamais satisfait. Il prétend à la sympathie de tous. Il est ardent à épier, et ingénieux à saisir les moindres marques de sympathie et d'antipathie, mais il les observe et les interprète d'après ses *impressions*, non d'après son jugement. — La timidité est une forme de l'emballement, à savoir l'emballement chagrin et défiant, succédant à l'emballement confiant et joyeux. — Les impressions du timide sont toutes du même ton, toutes outrées et également outrées.

II. — La timidité en tant qu'elle participe de l'*impressionnabilité* ou de l'humeur est intermittente et contradictoire. Elle n'exclut pas l'effronterie. — Exemple : Rousseau. — La timidité anticipée et rétrospective. — Sous sa forme spontanée, la timidité est une disposition passagère, non un état durable. Son vrai nom est *intimidation*, non *timidité*.

Nous avons considéré le phénomène de la timidité en lui-même ; nous devons le rattacher au tempérament dont il dérive. La timidité est un effet de l'impressionnabilité ou de l'humeur. L'impressionnabilité, étant la disposition à s'émouvoir et à être ému par autrui, engendre ces deux formes de la timidité : la défiance de soi et la crainte des autres.

I

Étudions d'abord la timidité, entendue comme la crainte des autres.

Le besoin d'estime, plus exactement le besoin de sympathie, est, selon Pascal, « la qualité la plus ineffaçable du cœur de l'homme [1] ». Chez un sujet impressionnable, ce besoin deviendra particulièrement exigeant, prendra une forme inquiète et maladive. Or, on peut définir le timide celui qui n'a que des impressions vives, et sur qui tous les hommes font impression, celui qui interprète

---

1. *Pensées*, art. I, 5 *bis*, édit. Havet.

tous les actes des autres comme des marques expresses de sympathie ou d'antipathie, et qui fait dépendre tout son bonheur des sentiments qu'il inspire.

Les personnes vouées à la timidité ne croient pas à l'indifférence des autres; elles se voient partout entourées de témoins qui épient leurs actes et devinent leurs pensées. Il n'y a pas pour elles d'inconnus, ou, plus justement, elles ne sont pas insensibles à la sympathie et surtout à l'antipathie du premier venu[1].

Ce n'est pas à dire qu'elles ne distinguent point entre les gens. La timidité a des espèces différentes, qui d'ailleurs ne s'excluent point. En même temps qu'il redoute l'antipathie des inconnus, le timide est jaloux de la sympathie

---

1. J'en citerai pour preuve l'anecdote suivante, contée par Rousseau : « Mille fois, durant mon apprentissage et depuis, je suis sorti dans le dessein d'acheter quelques friandises. J'approche de la boutique d'un pâtissier; j'aperçois *des femmes au comptoir*; je crois déjà les voir rire et se moquer entre elles du petit gourmand. Je passe devant une fruitière; je lorgne du coin de l'œil de belles poires; leur parfum me tente; *deux ou trois jeunes gens sont là tout près qui me regardent; un homme qui me connaît est devant la boutique; je vois de loin venir une fille, n'est-ce pas la servante de la maison?... Je prends tous ceux qui passent pour des gens de ma connaissance;* partout je suis intimidé, retenu par quelque obstacle; mon désir croît avec ma honte, et je rentre enfin comme un sot, dévoré de convoitise, ayant dans ma poche de quoi la satisfaire, et n'ayant rien osé acheter. » (*Confess.*, part. I, liv. I.)

de ses amis. Rousseau démêle bien ces nuances.

« Être aimé de tout ce qui m'approchait, dit-il, était le plus vif de mes désirs... Je me souviendrai toujours qu'au temple, répondant au catéchisme, rien ne me troublait plus, quand il m'arrivait d'hésiter, que de voir sur le visage de Mlle Lambercier des marques d'inquiétude et de peine. *Cela seul m'affligeait plus que la honte de manquer en public, qui m'affligeait pourtant extrêmement.* »

Ainsi le timide est déconcerté par toutes sortes de personnes et, de plus, il l'est diversement par chacune. Il est ouvert à toutes sortes d'impressions, et chacune de ses impressions est vive, particulière, précise.

S'il est sensible à ce point à la sympathie et à l'antipathie, il sera prompt à en relever les moindres indices. Toutes les personnes le déconcertent, et en elles tout l'effarouche. Il est, dit Stendhal, d'une « excessive délicatesse, de cette délicatesse que l'inflexion d'un mot, un geste inaperçu met au comble du bonheur ou du désespoir ». Il est touché au cœur par une simple attention, par une main spontanément tendue; il est mortellement blessé par une froideur devinée ou sentie, par un mot trop vif, par un rire malsonnant. Il est prompt à l'attendrissement et à la bienveillance, et il est susceptible et ombrageux.

L'excès de sensibilité développe en lui une clairvoyance aiguë. Ardent à pénétrer les sentiments des autres, il saisit sur leur visage les nuances des émotions fugitives, il perce à jour les mensonges de la politesse conventionnelle et démêle dans l'accueil particulier qu'il reçoit le degré précis de sympathie ou d'antipathie qu'il inspire.

Sa perspicacité est d'ailleurs très spéciale. Elle se fonde sur des indices, non sur des preuves ; elle est faite d'impressions, non de jugements ; elle est sûre d'elle-même, mais elle ne se discute point, ne se justifie point ; elle se défie même des raisonnements qui sont « ployables en tous sens », comme dit Pascal. Elle est cette clairvoyante empirique et aveugle qu'on appelle lucidité. La lucidité, telle que je l'entends, n'a d'ailleurs rien de mystérieux. Elle est l'intuition ou plutôt l'interprétation rapide des mouvements spontanés, des paroles, du ton de voix, des jeux de physionomie et des gestes, par lesquels les sentiments se traduisent à leur insu ou plutôt se trahissent ; elle est l'impression que produisent sur nous les personnes, impression faite de détails et de nuances, saisis au vol et subtilement analysés; elle s'oppose au jugement réfléchi que nous porterions sur ces personnes d'après leur caractère et leurs actes observés de sang-froid. Bien des esprits se fient plus à leur impression qu'à leur jugement, ils partent de ce principe que la vérité est dans la spontanéité, c'est-à-dire dans la première idée qui se fait jour en eux, dans le premier mouvement qu'ils observent chez les autres. Mais en fait la pénétration du timide n'est point sûre : elle part d'indications détaillées et précises, mais trop menues et trop fines. La passion la guide, mais aussi l'égare. La lucidité, comme nous l'avons appelée, a toutes les ressources, mais aussi toutes les imperfections de l'instinct. Elle ressemble à la vision dans la nuit, vision qui s'éclaire de lueurs aveuglantes et rapides; mieux vaudrait, à coup sûr, la lumière discrète d'un jour continu.

L'impressionnabilité, dira-t-on, n'est pas la timidité. Sans doute! Mais elle y prépare et elle y conduit. Doit-elle nécessairement la produire? *A priori*, on serait tenté de le soutenir. En effet, dans les conditions ordinaires de la vie, une vive sensibilité nous expose plus à la souffrance qu'à la joie. Le bonheur est toujours une rencontre, et le bonheur qui vient des autres est la rencontre la plus exceptionnelle et la plus rare. Toutefois, les natures impressionnables ne sont pas fatalement ni uniquement vouées à la timidité; elles jouissent ardemment de la sympathie des autres, elles y croient volontiers, elles la suscitent, l'appellent, et souvent elles trouvent et inspirent confiance; il est vrai aussi que les moindres marques d'antipathie les bouleversent, que le soupçon les gagne vite, et qu'elles tombent aisément dans le découragement, l'amertume et le chagrin.

La timidité est donc seulement un des aspects de l'impressionnabilité. A vrai dire, on n'est pas simplement timide; on est à la fois et tour à tour timide et audacieux, et c'est l'un de ces excès qui rejette dans l'autre.

Ainsi s'explique une bizarrerie apparente du caractère du timide. Le timide est souvent porté aux amitiés de rencontre; il a la liaison facile; il se jette étourdiment à la tête des gens. Rousseau, par exemple, quitte tout pour suivre des amis d'un jour et lie sa destinée à celle d'un charlatan, d'un aventurier, d'un escroc. Un compliment le grise, un mot de bonté l'attendrit; il goûte plus vivement qu'un autre ce moment délicieux de l'affection naissante, qu'on appelle la lune de miel. Mais il passe vite aussi de la naïveté confiante aux soupçons légers, prompts et pourtant tenaces. Il croit à la trahison, comme il croit à l'amitié, sans ombre de preuves, sur la foi d'apparences souvent trompeuses : un regard effrayant, surpris dans les yeux d'un ennemi imaginaire, lui révèle toute une suite de machinations et de complots. (Voir les relations de Hume et de Rousseau, *Confessions*.) C'est le même caractère qui évolue ainsi de la confiance au soupçon, et, en évoluant, il ne se dément point, il continue à se répandre en élans passionnés et aveugles[1].

L'impressionnabilité offre encore une autre particularité. Qualitativement, elle est variée et nuancée à l'infini ; quantitativement, elle ne comporte pas de degrés : le sujet impressionnable éprouve, avec la même intensité, les émotions les plus diverses. Il se rend malheureux pour des motifs ridicules ; il supporte aussi peu une contrariété qu'un malheur. Tous ses sentiments revêtent

---

1. Le caractère défiant et soupçonneux, qui s'observe chez Rousseau à tous les âges de sa vie, ne fait que s'accentuer avec les années. Rousseau qui, dans sa jeunesse, ouvre son cœur à tant de camaraderies suspectes, devenu vieux, ferme son cœur aux amitiés dévouées, et outrage ses bienfaiteurs.

la forme de l'absolu. C'est parce qu'il est impressionnable en ce sens et à ce degré que le timide redoute l'opinion de toutes personnes, et la redoute en toutes choses, et en toutes choses, pour bien dire, également. Les motifs d'intimidation varient, non leur force et leurs effets. C'est pourquoi les timides les plus intelligents peuvent tomber dans la niaiserie et l'enfantillage. Il faut à Stendhal, « pour n'être pas timide, un habit et de l'argent ». Un ridicule léger, tout extérieur, fait souffrir autant ou plus qu'un travers d'esprit, un travers d'esprit qu'un défaut de caractère ou un vice. « Ce n'est pas ce qui est criminel, remarque Rousseau, qui coûte le plus à dire, c'est ce qui est ridicule et honteux. » La timidité est une crainte déplacée et mesquine, hors de proportion avec son objet. De là le dépit qu'elle cause à celui qui l'éprouve. La raison saine du timide juge sévèrement ses impressions maladives ; il s'indigne de n'être pas au-dessus de contrariétés misérables, il ne pardonne pas sa puérilité à sa souffrance. De là aussi les jugements faux qu'on porte sur le timide : on le croit vaniteux, parce qu'il pousse la crainte de déplaire jusqu'à la manie et au scrupule ; en réalité la vanité se greffe sur cette exaspération de la sensibilité et contribue à l'accroître, mais elle ne la produit point.

En résumé, le timide est un impressif et un impulsif. Il est à la merci de ses nerfs. Il est avide de sympathie et douloureusement sensible à l'antipathie ou seulement au manque de sympathie. Il ne commande point à ses émotions : il les désapprouve, les condamne et ne peut s'en défaire. Il sait que ses motifs de croire à l'antipathie des autres et de s'en affliger ou de la craindre, sont déraisonnables et souvent ridicules ou mesquins, mais sa volonté et son jugement sont sans prises sur ses sensations. Au point de vue affectif, il est un enfant.

II

L'impressionnabilité, à laquelle nous avons rattaché la timidité, peut s'appeler d'un autre nom, l'*humeur*. L'humeur s'oppose au caractère, entendu comme un ensemble de dispositions définitivement acquises. Elle ne sait point se fixer, elle ne sait point se contenir. Elle prend toutes les formes et passe immédiatement de l'une à l'autre; et, en chacun de ses accès, elle est impé-

rieuse, tyrannique. Un tempérament livré tout
entier à ses impulsions passagères, voilà l'humeur.

On relève de l'humeur chez tous les timides.
Rousseau, en particulier, la note comme « une
des singularités de son caractère[1] ».

L'humeur étant incertaine, variable, la timidité, qui est une de ses formes, sera accidentelle,
passagère. Elle aura beau devenir fréquente, elle
restera toujours inattendue et nouvelle. Rousseau
en fait la remarque : on ne sait jamais quand on
sera intimidé ni si on doit l'être. Pourquoi est-on

---

1. « Cette singularité, dit-il, a eu tant d'influence sur ma
conduite qu'il importe de l'expliquer : J'ai des passions très
ardentes, et tandis qu'elles m'agitent, rien n'égale mon impa-
tience; je ne connais plus ni ménagement, ni respect, ni
bienséance; je suis cynique, effronté, violent, intrépide : il n'y
a ni honte qui m'arrête, ni danger qui m'effraie; hors le seul
objet qui m'occupe, l'univers n'est plus rien pour moi. Mais
tout cela ne dure qu'un moment, et le moment d'après me
rejette dans l'anéantissement.

« Prenez-moi dans le calme; je suis l'indolence et la timidité même : tout m'effarouche, tout me rebute; une mouche
en volant me fait peur; un mot à dire, un geste à faire
épouvantent ma paresse; la crainte et la honte me subjuguent
à tel point que je voudrais m'éclipser aux yeux de tous les
mortels. S'il faut agir, je ne sais que faire; s'il faut parler, je
ne sais que dire; si l'on me regarde, je suis tout décontenancé.
Quand je me passionne, je sais trouver quelquefois ce
que j'ai à dire; mais dans les entretiens ordinaires, je ne
trouve rien, rien du tout; ils me sont insupportables, par
cela seul que je suis obligé de parler. » (*Confessions*, part. I,
liv. I.)

à l'aise? Pourquoi ne l'est-on pas? Nul ne peut le dire. Affaire d'impression et de nerfs!

« Comment, dit Rousseau, racontant sa première entrevue avec Mme de Warrens, comment en approchant pour la première fois d'une femme aimable, polie, éblouissante, d'une dame d'un état très supérieur au mien, dont je n'avais jamais abordé la pareille,... comment me trouvai-je à l'instant aussi libre, aussi à l'aise que si j'avais été parfaitement sûr de plaire? Comment n'eus-je pas un moment d'embarras, de timidité, de gêne? Naturellement honteux, décontenancé, n'ayant jamais vu le monde, comment pris-je avec elle du premier jour, du premier instant, les manières faciles, le langage tendre, le ton familier que j'avais dix ans après, lorsque la plus grande intimité l'eut rendu naturel[1]? »

Tout timide a ses bonnes fortunes, je veux dire ses moments de hardiesse. Rousseau aime à conter les siennes. Pris à l'improviste, il adressa une fois au Sénat de Berne une harangue très bien tournée.

« Pour un homme aussi honteux, parler non seulement en public, mais devant le Sénat de

---

1. *Confessions*, part. I, liv. I.

Berne, et parler impromptu, sans avoir une seule minute pour se préparer, il y avait là, dit-il, de quoi m'anéantir. Je ne fus pas même intimidé. » Mais, ajoute-t-il, « quelle différence dans les dispositions du même homme! Il y a trois ans qu'étant allé voir à Yverdun mon vieil ami M. Roguin, je reçus une députation pour me remercier de quelques livres que j'avais donnés à la bibliothèque de cette ville. Les Suisses sont grands harangueurs; ces messieurs me haranguèrent. Je me crus obligé de répondre; mais je m'embarrassai tellement dans mes réponses et ma tête se brouilla si bien que je restai court et me fis moquer de moi[1]. »

La timidité est donc intermittente. De plus, l'humeur, à laquelle elle se rattache, ne diffère pas seulement, mais encore se contredit d'un moment à l'autre. Le timide, avons-nous dit, ne l'est pas toujours, il passe par des alternatives de crainte et d'audace, et, comme il est extrême en tout, ou il paie d'effronterie ou il meurt de honte. Rousseau, « timide et impertinent, honteux et cynique[2] », n'est pas un être d'exception. Dans tout timide il y a un effronté au moins latent.

---

1. Ouv. cité, part. I, liv. IV.
2. Chuquet, *J.-J. Rousseau*, p. 177.

Quelqu'un, à qui l'entrée dans un salon donne des suffocations et des battements de cœur, m'écrit : « S'il m'arrive de me rasséréner complètement au cours d'une visite, je deviens à l'instant ou plutôt je deviendrais, si je n'y mettais bon ordre, presque trop familier. » Les êtres contraints ont leurs heures d'épanouissement, de gaîté éblouissante, de verve malicieuse et gamine. Un timide qui se met à l'aise s'y met complètement : on ne le reconnaît plus, et c'est en effet un autre homme. Il était renfrogné, gauche, silencieux : il devient naturel, aisé, a des reparties vives et des mots heureux. Il se retenait, il se laisse aller; il surveillait ses gestes, ses paroles; il est dégagé et vif dans ses mouvements, libre dans son langage; *dicenda tacenda loquitur* (Horace). Tous les timides ont de ces métamorphoses, de ces changements à vue. Rousseau est tour à tour grognon et enjoué, stupide et brillant. Il a une bouderie maussade et des enfantillages charmants. Qu'on relise dans les *Confessions* le récit de la journée passée avec Mlle de Graffenried et Mlle Galley, et celui des badinages avec Mme de Warrens. De même, tous ceux qui connaissent Amiel et son « froid timide [1] » s'étonneront

1. Expression de Stendhal.

d'apprendre qu'il ait été le Socrate de ces
« débauches platoniciennes », faites de prome-
nades au grand air et de libres causeries,
qu'avaient organisées chaque jeudi, à Salève,
Schérer et ses amis. « Amiel n'était pas, dit
Schérer, de fondation de nos jeudis ; mais quand
il se joignait à nous, c'était une fête. Il jetait
l'imprévu à travers tous les graves propos. Il
nous animait de son entrain[1]. » Ainsi, le timide
est l'envers d'un audacieux. La timidité étant une
forme de l'humeur et l'humeur elle-même étant
par nature inégale, le timide est naturellement à
la fois réservé et indiscret, contraint et osé, tel
enfin qu'on nous décrit Rousseau « difficile à
ébranler comme à retenir, et dépassant les autres
une fois qu'il est en train,... d'abord expansif et
cordial, puis soupçonnant et farouche[2] ».

Si l'analyse qui précède est exacte, on devrait
avoir une double raison de se rassurer contre la
timidité. En effet, on peut se dire d'une part qu'on
ne connaît jamais bien les sentiments des autres,
qu'on est réduit à les deviner et qu'on les devine
mal, et par suite que c'est souvent à tort qu'on
redoute leur antipathie ; d'autre part, qu'on ne

1. Amiel, *Fragments d'un journal intime*, Préface, xxi.
2. Chuquet, ouv. cité.

4.

connaît pas mieux sa propre humeur, qu'on a souvent plus de courage qu'on ne croit, et qu'on se découvre à l'occasion une aisance sur laquelle on ne comptait pas. Mais ou le timide ne raisonne pas du tout, ou il raisonne autrement. Il lui semble que s'il était fixé une bonne fois sur la sympathie ou l'antipathie des autres, il en prendrait son parti ; mais justement il ne peut jamais l'être, parce qu'il se laisse aller à ses impressions, parce qu'il ne juge ni ne raisonne, et que toujours chez lui, comme dit Stendhal, « la *sensation* l'emporte sur la *perception* ». Il ne saurait avoir l'esprit en repos, parce qu'il dépend de l'opinion des autres, et qu'il ne juge de cette opinion que par des impressions légères et qui peuvent changer. Le timide ne jouit pas même pleinement de ces moments de détente où il est confiant, à l'aise, où il a de la verve et de l'entrain. Il sent qu'il subit alors le caprice de son humeur, et n'est point dans une disposition à jamais acquise, dans un état vraiment naturel. La timidité, comme dirait Pascal, est d'autant plus troublante qu'elle ne nous trouble pas toujours. L'insécurité complète consiste à se défier de soi-même et des autres, sans savoir au juste sur quoi se fonde cette défiance et jusqu'où elle doit aller. Lorsqu'il prend conscience de la mobilité de son humeur, le timide doit se sentir plus malheureux en un sens qu'en pleine crise d'intimidation : il découvre en effet alors la cause profonde de son mal, il en mesure l'étendue. Il conçoit comme toujours possible le retour de ses folles et insurmontables angoisses, il perd toute foi en lui-même. Mais n'étudions pas encore cette aggravation de la timidité qui naît des réflexions que le timide fait sur lui-même.

De ce que la timidité est une forme de l'humeur, il suit encore qu'elle se produira à n'importe quel moment, qu'elle ne sera pas seulement le saisissement causé par la vue des personnes présentes, qu'elle sera encore une frayeur anticipée ou rétrospective.

En effet on est souvent timide avant la lettre, par crainte de l'être, par pressentiment. On est par exemple dans les transes au sujet d'une visite à faire. Or l'entrevue redoutée a lieu, et ne cause point d'émotion. C'est que la nécessité d'agir nous rend notre force et nos moyens, fouette notre courage. D'ailleurs les émotions s'épuisent : la timidité n'est plus, n'a plus où se prendre, par cela seul que l'appréhension a été trop forte, ou seulement a trop duré.

En revanche, l'intimidation se produit quand on s'y attend le moins : on est déconcerté par des personnes qu'on abordait sans crainte ; on est tout d'un coup et pour un rien saisi d'une émotion dont on ne peut se défendre ; les jambes fléchissent, la vue se trouble, la parole s'embarrasse ; on était tout flamme, et l'on se trouve glacé.

Enfin il y a une timidité qui est la réaction du laisser-aller ou de la trop grande aisance. Cette timidité est le mouvement d'effroi et de recul qui suit les coups d'audace, la honte qui succède à un mot trop spontané et trop vif, à un accès de naturel et à un emportement de franchise.

La timidité est donc une peur irraisonnée qui se produit avant d'agir, au moment d'agir ou même après l'action, quand celle-ci, née d'une impulsion soudaine, apparaît après coup à la conscience comme gauche, déplacée, et cause alors un refroidissement subit.

En résumé, si l'on veut comprendre la timidité, il faut la considérer, non comme un fait distinct, en lui-même complet, mais comme une particularité accidentelle de l'impressionnabilité ou de l'humeur. La timidité n'est pas une entité morbide, mais un symptôme ou un effet d'une maladie du vouloir et des sentiments. Elle est la défaillance soudaine et passagère d'un tempérament nerveux, porté à l'extrême; elle est liée à l'élan, à l'audace, à la confiance et à l'entrain; elle est la réaction de ces états. Elle n'est point un caractère, mais une disposition, et une disposition variable. Elle apparaît chez les êtres doués d'une sensibilité ardente, déréglée, et d'une volonté faible. Il n'y a point proprement, à l'état naturel, de *timidité*, il n'y a que des accès d'*intimidation*.

CHAPITRE IV

LA TIMIDITÉ RÉFLÉCHIE ET SYSTÉMATIQUE

I. — La timidité provoque le repliement sur soi ou la réflexion. — La réflexion est le dédoublement du moi, à savoir le dédoublement du moi *individuel* et du moi *social*, du moi *sentimental* et du moi *pensant*. — La réflexion est d'abord utilitaire, puis désintéressée : elle s'applique à la timidité, d'abord pour la guérir, puis pour l'étudier.

II. — Effets de la réflexion sur la timidité. — 1° Celui qui vit en lui-même devient romanesque : ses sentiments s'exaltent et se raffinent. — 2° Il se fait honneur de sa timidité, érigée par lui en *maladie de l'idéal*. — Le raisonnement de l'absolu : *tout ou rien*. — Exemples de ce raisonnement. — Le raisonnement de l'absolu est un *sophisme de justification*. On trouve à la timidité une excuse honorable, puis on prend cette excuse pour une raison. — 3° En réalité l'idéal est une forme plus ou moins applicable aux objets réels, et que le timide applique à des objets quelconques.

III. — Mais le timide ne se maintient pas sur les hauteurs de l'idéal. Il faut distinguer ses principes et sa conduite. En fait, il est humble, facile à contenter, sociable à sa manière, porté aux camaraderies intimes et aux confidences. Son caractère est fait de contrastes. La timidité est proprement la chute de l'idéal. — L'analyse, en un sens exalte, en un autre dessèche les sentiments. Mais le timide réagit contre l'exaltation romanesque et contre les effets dissolvants de l'analyse. — Comparaison de la timidité réfléchie et de la timidité spontanée.

Comme on distingue, dans la connaissance, la *matière* et la *forme*, on pourrait distinguer, dans les sentiments, la part du tempérament ou de l'instinct, et celle de la réflexion. Nous avons ramené la timidité à ses éléments simples et naturels ; nous allons chercher tout ce que la réflexion y ajoute.

Mais il faut d'abord montrer comment la réflexion elle-même naît et se développe à la suite de la timidité, et en quoi elle consiste.

I

Le timide est condamné à l'isolement moral : ne sachant point sympathiser avec les autres, il rentre en lui-même et vit dans ses pensées. Cet isolement, il le subit d'abord comme une fatalité de sa nature, puis il en contracte l'habitude, et finalement il s'y complaît. Il prend le goût de la réflexion ou de l'analyse intérieure. Il devient égotiste. Toutefois le besoin de société fait si bien partie de la constitution de l'homme que le timide se dédouble, si j'ose dire, pour ne pas rester seul, qu'il se fait tout ensemble spectateur et acteur du drame de sa vie, et qu'il cherche et trouve en lui-même la sympathie qui lui manque au dehors. Pour se placer au point de vue du subtil et ingénieux Adam Smith, ce qu'on appelle la réflexion, c'est proprement le dédoublement du moi

Le dédoublement du moi revêt lui-même plusieurs formes, ou comporte plusieurs degrés.

On remarque d'abord, chez le timide, le dédoublement du *moi individuel* et du *moi social*. Tandis qu'il parle et agit comme les autres hommes, le timide garde sa pensée personnelle, ses sentiments intimes. Il ne ressemble pas aux autres, il n'en est pas compris; bientôt même il ne cherche plus à l'être. Il lui plaît de mener une vie cachée; sa devise est celle de Descartes : *bene vixit, bene qui latuit*; il aime à se réfugier dans cet asile impénétrable du cœur que rien ne peut violer; il est fier d'être entièrement lui-même et jaloux de le rester.

En même temps qu'il fait ainsi deux parts de sa vie, qu'il joue, bien ou mal, dans le monde son rôle de parade, et s'applique seulement vis-à-vis de lui-même à être vrai et sincère, le timide exerce, dans le développement de sa vie personnelle elle-même, sa faculté ou sa manie de dédoublement. Dans son for intérieur, il mène encore de front deux vies : la vie vécue et la vie pensée, la *sensation* et la *perception* (Stendhal). Il se forme en lui, à côté du moi sentimental, naïf et spontané, tout élan et tout flamme, un moi réfléchi, froid et raisonneur, souvent ironique, qui suit en détaché et en curieux les passions de l'autre.

Ce qu'on appelle l'analyse psychologique est ainsi une triple objectivation. Le *moi individuel*, dégagé des influences sociales et constitué à part, avec ses pensées et ses sentiments intimes, est posé comme une entité indépendante, et opposé, d'une part, au *moi en quelque sorte extérieur*, figurant de la comédie sociale, et de l'autre, au *moi pensant*, spectateur indifférent et juge désintéressé des émotions vraies du moi individuel et du rôle appris du moi extérieur. L'analyse psychologique ne se confond donc point avec la conscience; elle

n'est point une opération simple et immédiate,
une donnée première, mais une acquisition tar-
dive, une construction artificielle de la vie mentale.

On en peut suivre, chez le timide, l'évolution et
les progrès.

Le timide, cela va de soi, n'a pas par nature la
vocation ni le don psychologiques. Mais il acquiert
peu à peu, sans y songer, l'un et l'autre. A l'origine et pendant longtemps, il ne rentre en lui-
même que pour penser aux affronts qui résultent
pour lui du contact des autres, pour s'en affliger,
ou au contraire pour trouver des raisons de s'en
consoler, et chercher les moyens de se corriger
et de s'enhardir. Ainsi la timidité engendre la
réflexion, mais non pas d'abord la réflexion pure
et désintéressée ; le timide appelle le raisonnement à son aide pour combattre ses sentiments [1].
Mais il vient un moment où il ne lutte plus, où
il s'abandonne. Alors il cherche des excuses à sa
timidité ; il essaie de se prouver d'abord qu'elle
est invincible, puis qu'elle est légitime. S'il
réussit à se persuader cela, il ne cessera pas de
s'intéresser à sa timidité, mais il s'y intéressera

1. Le Journal de Stendhal contient une analyse remarquable
de la timidité, faite à ce point de vue.

autrement, comme à un cas; il y prendra un intérêt d'étude. La réflexion aura alors cessé d'être un moyen d'hygiène morale, et sera devenue une curiosité psychologique.

Appelons analyse la réflexion parvenue à ce degré. L'analyse n'est point la simple lumière que projette la réflexion sur les états psychiques, mais l'interprétation que l'esprit donne de ces états et les changements qu'il y introduit par là même.

II

Étudions les effets de l'analyse sur la timidité. L'analyse est le raisonnement appliqué, sous sa forme correcte, à comprendre, et sous sa forme sophistique, à justifier ce qu'on éprouve. Le timide, qui s'analyse, est presque toujours un sophiste.

La solitude, dans laquelle il s'enferme, influe sur le tour de ses pensées. Il n'est point en communion d'esprit avec les autres hommes, il suit sa voie sans s'inquiéter de leurs jugements, il leur devient étranger et leur paraît étrange.

Il prend la vie par le côté romanesque. Qu'est-ce que le romanesque en effet, sinon un mode de

penser *égotiste*, partant en désaccord avec les
mœurs courantes et le sentiment commun? J'appelle par exemple romanesques des sentiments
auxquels on se livre sans remords, justement
parce qu'ils n'engagent point vis-à-vis des autres,
et dont on s'enivre, à ce qu'on croit, sans danger,
parce qu'ils restent internes et ne passent point
dans les actes.

Quand on plane au-dessus de la vie sociale, et
qu'on se soustrait à ses exigences et à ses devoirs,
quand on fait de ses sentiments un objet de délec-
tation intérieure et de contemplation pure, il,
semble qu'on entre dans une vie nouvelle, aux
horizons plus larges. Les pensées et les sentiments se déploient en toute liberté; la responsa-
bilité morale ne pèse plus sur eux, et n'en retient
plus l'essor.

C'est par le sentiment de son irresponsabilité
que le timide se perd. Il cesse d'exercer une sur-
veillance sur lui-même; il n'y a point d'émotions
qu'il se croie défendues, qu'il se retienne d'avoir;
il n'y a point pour lui d'états d'âme dangereux et
malsains. Pendant que sa conscience morale s'en-
dort, sa curiosité psychologique s'éveille. Il ouvre
son âme à toutes les impressions, ne leur deman-
dant point compte de leur valeur, heureux d'en

faire l'expérience, et occupé seulement d'en jouir. Enfermées dans la conscience, partant délivrées du joug des convenances sociales et ne relevant plus de l'opinion, ses passions développent toute leur puissance et se grisent d'elles-mêmes; elles deviennent emportées, fougueuses, et se croient grandioses et sublimes.

En même temps qu'elles prennent cette allure fière et hautaine, elles se subtilisent et se raffinent. Les émotions vagues et fugitives, qui, dans la vie réelle, seraient refoulées ou remises à leur rang par des sentiments plus forts, grossies par la réflexion, prennent de la consistance et de l'éclat, et trouvent de l'écho dans le silence de la vie intérieure.

L'exaltation et la subtilité des sentiments vont donc de pair dans l'âme du timide. Or ce sont là les traits de l'imagination romanesque, laquelle n'est elle-même que l'imagination du solitaire. La timidité produit l'isolement, lequel donne naissance à l'égotisme, et l'égotisme déforme les sentiments et fausse l'esprit. Tel est le sens psychologique de l'antique malédiction : *Væ soli!* Ajoutons que la personnalité, ayant pour base les instincts sociaux, le moi, qui veut se placer en dehors des conditions de la vie commune, et se constituer artificiellement dans l'individualité pure, perd en quelque sorte l'équilibre psychique, et reste anarchique. L'égotisme est un état contre nature, et le caractère romanesque, qui en dérive, est, comme nous le verrons, incapable de se satisfaire, condamné à chercher éternellement sa voie, sans la rencontrer jamais.

Mais il faut démêler les effets multiples et divers de l'égotisme. Analysons tout d'abord le raisonnement par lequel le timide justifie sa timidité. Ce raisonnement pourrait s'appeler le *sophisme de l'absolu.*

La timidité, aggravée par la réflexion et érigée en système, a été fort bien définie « la maladie de l'idéal ». Le timide, qui philosophe sur son cas, professe pour la vie, à laquelle il se sent impropre, un dédain profond, d'ordre à part, et, pour ainsi dire, transcendant. Il n'accepte de la réalité que ce que sa raison orgueilleuse approuve, et tient pour non avenu tout ce qui reste au-dessous de ses conceptions absolues.

La maladie de l'idéal, dit Amiel, c'est « l'amour-propre infini, le purisme de la perfection, l'inacceptation de la condition humaine, la protestation tacite contre l'ordre du monde... C'est le *tout ou rien*, l'ambition titanique et oisive par dégoût, la nostalgie de l'idéal, la dignité offensée et l'orgueil blessé qui se refusent à ce qui leur paraît au-dessous d'eux; c'est l'ironie qui ne prend ni soi ni la réalité au sérieux, par la comparaison avec l'infini entrevu et rêvé...; c'est peut-être le désintéressement par indifférence qui ne murmure point contre ce qui est, mais qui ne peut se déclarer satisfait; c'est la faiblesse qui ne sait pas conquérir et qui ne veut pas être conquise; c'est l'isolement de l'âme déçue qui abdique jusqu'à l'espérance [1]. »

Tous les timides tiennent ce langage à la fois découragé et superbe. « En fait de bonheur et de jouissances, dit Rousseau, il me fallait *tout ou rien*... Le premier de tous mes besoins, le plus grand, le plus inextinguible, était tout entier dans mon cœur : c'était le besoin d'une société intime, *et aussi intime qu'elle pouvait l'être* [2]. »

Ainsi le timide rêve une sympathie entière, et, s'enchantant de ce rêve, dédaigne la réalité des sympathies communes. Il revêt d'une forme idéale les aspirations de son cœur, il élève si haut son désir qu'il le rend irréalisable, et se console ensuite

1. *Journal intime*, t. I, p. 103.
2. *Confessions*, part. I, liv. IX.

de ne point le satisfaire. La timidité, qui est l'incapacité de sympathiser avec autrui, devient, par
un raisonnement spécieux, une sympathie trompée, et qui en quelque sorte veut l'être, car elle
veut être délicate, nuancée, exigeante, telle enfin
qu'elle ne peut être satisfaite. Platon explique
finement qu'on devient misanthrope pour avoir
trop aimé les hommes, comme on devient miso-
logue ou sceptique pour avoir trop cru à la vérité
et à la raison. De même on deviendrait sauvage
pour avoir trop compté sur la sympathie des
hommes et ne l'avoir point rencontrée, au moins
sous la forme parfaite. Le timide serait donc celui
qui rêve une entière pénétration des esprits et
des cœurs, et qui s'isole plutôt que de se sentir
moralement dépaysé au milieu des hommes.

« L'homme vraiment sociable, dit Rousseau,
est plus difficile en liaisons qu'un autre; celles
qui ne consistent qu'en fausses apparences ne
sauraient lui convenir. Il aime mieux vivre loin
des méchants sans penser à eux que de les voir
et de les haïr... Celui qui ne connaît d'autre
société que celle des cœurs n'ira pas chercher la
sienne dans vos cercles. » (*Rousseau, juge de Jean-
Jacques*, 2ᵉ dialogue.)

Quand le timide raisonne ainsi, démêle-t-il bien les motifs vrais de sa timidité? Non; il commet un de ces « sophismes de justification dont le jugement prévenu finit par être dupe presque de bonne foi ». (Marion.) Il se donne des raisons pour persister dans sa timidité; il ne découvre point celles qui l'ont rendu timide. Il faut bien distinguer en effet les lois du développement de la timidité de celles de sa formation.

C'est le dépit secret et la mauvaise humeur qu'il ressent de son isolement qui rend le timide intransigeant et hautain, loin que ce soit son intransigeance qui l'isole. Mais il est vrai que l'humeur intransigeante, une fois née, contribue à fortifier la timidité : elle la rend irrévocable. Elle opère dans les sentiments du timide une révolution radicale : elle substitue au mouvement de honte qui lui est naturel un sentiment d'arrogance et de hauteur.

Le timide veut alors, ou, ce qui revient au même, se persuade qu'il veut la perfection en toutes choses. Il la veut pour lui-même, et il l'exige des autres. Il souffre personnellement de ne pas l'atteindre, et il dédaigne ceux en qui il ne la rencontre pas. Cette hantise de l'absolu, le vulgaire, qui ignore les nuances, l'appelle de l'orgueil.

Ne recherchons pas si cet orgueil est légitime, demandons-nous seulement s'il est naturel.

Remarquons d'abord que, si la timidité dérivait de la recherche de la perfection absolue, la disproportion serait vraiment trop grande entre la cause et l'effet. Mais de plus, chez le timide, l'aspiration à l'idéal ne se soutient pas et même se contredit.

Une aspiration à l'idéal, qui aboutit en fait au renoncement à l'idéal, ne peut être qu'une prétention. Cette prétention désarme par sa candeur et provoque un indulgent sourire, quand on considère les formes puériles que revêt communément la timidité. Le timide en effet vise la perfection dans les choses où il est ridicule de la chercher. Ainsi il rêve, comme Stendhal, la suprême élégance, une toilette accomplie, une fortune princière, la parfaite distinction des manières et de l'esprit, et il ne peut être rassuré à moins. « Je sens et je vois trop, dit Stendhal, quel est l'homme *parfaitement aimable*, pour avoir *une parfaite* assurance, tant que je serai éloigné de ce brillant modèle. Tel butor, dont toutes les actions ont des ridiculités, a toute l'assurance possible, *parce qu'il ne conçoit rien de parfait.* »

Quand par hasard il recherche la perfection

dans les choses sérieuses, le timide ne paraît pas plus raisonnable. Il sait en effet ou il croit que la perfection est incompatible avec la vie; il devrait donc y renoncer; il préfère renoncer à vivre. Mais, à vrai dire, il renonce à la perfection elle-même; il lui voue un culte platonique et vain, qui est de l'idolâtrie consciente; il ne croit en effet ni à la réalité présente de la perfection ni à sa réalisation à venir; il la considère néanmoins comme le seul objet possible du devoir; mais il prend prétexte de son inaccessibilité pour ne plus croire au devoir : tel l'athée, qui ne verrait dans l'incrédulité que l'immoralité permise.

Le timide déserte la vie humaine, ses joies et ses devoirs pour jouer, si j'ose dire, un rôle d'ange déchu. Ainsi par exemple Amiel ne conçoit pas le bonheur en dehors de l'affection, et il s'interdit l'affection par orgueil, ne voulant ni aimer ni être aimé à demi. Il dit de la vie de famille : « Elle m'attire, elle me fait besoin. Dans ce qu'elle a de ravissant, de profondément moral elle m'attire presque comme un devoir. Son idéal me persécute même parfois. Une compagne de ma vie, de mes travaux, de mes pensées et de mes espérances, un culte de famille, la bienfaisance au dehors, des éducations à entreprendre, les

mille et une relations morales qui se déroulent
autour de la première, toutes ces images m'eni-
vrèrent souvent. » Mais il se représente aussitôt
« le mariage par bon sens, au rabais », il se
détourne avec horreur de cette « profanation » et
conclut : « J'appelle, j'attends le grand, le saint,
le grave et sérieux amour, qui vit par toutes les
fibres et par toutes les puissances de l'âme. Et si
je dois rester seul, j'aime mieux emporter mon
espérance et mon rêve que de mésallier mon
âme [1]. » Qu'est-ce à dire sinon que le timide n'ose
suivre les mouvements de son cœur, et se targue
ensuite d'un renoncement hautain ? Qui ne croira
qu'il se comporte devant la vie comme le renard
de la fable devant les raisins ?

Mais au reste on sait combien aisément les pré-
tentions deviennent sincères. Le timide se prend de
bonne foi pour un ambitieux, et de fait il en vient
à se repaître de la chimère d'un idéal lointain,
irréalisable qui lui tient lieu du réel manqué. C'est
ici le cas d'invoquer le proverbe : Le mieux est
l'ennemi du bien. On comprend qu'un philosophe
ait pris pour devise : Exorcisons le fantôme de
l'absolu ! et on serait d'esprit et de cœur avec lui,

---

1. Cf., dans les *Poésies de Mme Ackermann*, la pièce intitulée :
Renoncement.

s'il avait eu exclusivement en vue le mal que l'absolu, ainsi entendu, peut faire aux âmes qu'il affole et subjugue.

Mais il faut considérer en lui-même ce besoin d'idéal ou d'absolu, si l'on veut en comprendre les effets. Un poète l'a ainsi défini :

> Ce n'est point lâcheté, mais fougue involontaire,
> Besoin d'essor, dégoût de tout ce qui périt,
> Pur désir d'échapper à l'affreux terre-à-terre,
> A ce joug du réel qui courbe et qui meurtrit [1].

Serrons de près cette définition poétique. Si l'idéal est ce qui n'existe pas et ne saurait exister, l'aspiration à l'idéal, toujours trompée, ne peut manquer d'aboutir au découragement, à l'inaction. Le goût de l'idéal, n'étant que le dégoût du réel, doit naturellement produire la langueur du désir, l'anéantissement du vouloir, d'un mot, la timidité. Mais, d'autre part, il serait contradictoire qu'on s'attachât à l'idéal, s'il était reconnu vain. La pure chimère serait sans attrait. Par cela seul qu'il fascine les âmes, l'idéal doit avoir quelque réalité, au moins apparente. Il est sans doute une *forme*, non un *objet* de pensée. Mais il n'est pas une forme vide. Il s'attache toujours à quelque

---

1. Mme Ackermann, *Poésies philosophiques*, *l'Idéal*.

objet. Ce n'est pas proprement l'*idéal* que le timide poursuit, mais *tel idéal*, c'est-à-dire telle réalité revêtue de la forme idéale. Or, si l'idéal est une forme dont l'imagination revêt les objets réels, on conçoit que l'imagination puisse revêtir de cette forme tous les objets, même indignes, et que par exemple les deux noms de don Juan et de Pascal puissent se trouver unis dans la recherche de l'idéal ainsi défini [1].

On l'a remarqué déjà, le timide a justement l'esprit ainsi fait qu'il applique la catégorie de l'idéal ou de l'absolu à toutes les fins sans exception que poursuit son désir. Ainsi il veut être également accompli dans sa mise, parfait dans ses manières et sublime dans ses sentiments. Et comme son ambition universelle et démesurée est toujours déçue, il prend au tragique ses déceptions mêmes. Quel que soit le personnage qu'il joue, son imagination le dramatise et le relève. Sa sauvagerie même prend de l'allure : elle devient l'humeur spartiate. Rousseau se drape dans son rôle de mécontent et de bourru.

« Ma sotte et maussade timidité que je ne pouvais vaincre, dit-il, ayant pour principe la crainte

---

1. Mme Ackermann, pièce citée.

de manquer aux bienséances, je pris pour m'enhardir le parti de les fouler aux pieds. Je me fis
cynique et caustique par honte ; j'affectai de
mépriser la politesse que je ne savais pas prati-
quer. Il est vrai que cette âpreté, conforme à mes
nouveaux principes, *s'ennoblissait dans mon âme, y
prenait l'intrépidité de la vertu* ; et c'est, j'ose le
dire, *sur cet auguste base qu'elle s'est soutenue*,
mieux et plus longtemps qu'on n'aurait dû l'attendre
d'un effort si contraire à mon naturel. » (*Confessions*, part. II, liv. VIII.)

Le timide en un mot se monte la tête ; il est
sincère à coup sûr, mais de cette demi-sincérité
de ceux qui ne voient pas clair en eux-mêmes, et
que j'appellerai une sincérité d'intention, non de
fait. Il n'est pas ce qu'il croit être. De plus il ne
demeure pas ce qu'il est. Son humeur outrancière
ne se maintient pas ; elle change d'objet et de
nature.

Sa raideur a quelque chose de factice et de voulu.
Elle est une attitude, ou, au moins, une tension,
un effort. Quand il se laisse aller à sa nature,
au lieu de se montrer intransigeant et hautain,
il serait plutôt d'humeur accommodante et facile.
En fait il est partagé entre deux aspirations contraires qu'il ne peut concilier et entre lesquelles il

n'ose choisir : l'idéal l'attire et la réalité le tente. Il sait que son désir est vain, en tant qu'il revêt la forme idéale, laquelle est inapplicable à tout objet réel, et d'autre part, l'objet réel, auquel s'attache son désir, lui paraît méprisable et sans attrait, s'il ne revêt point cette forme idéale. Logiquement, il devrait tomber dans l'ataraxie; mais l'ataraxie est un état intenable. Il oscille donc de l'idéal au réel, sans pouvoir atteindre l'un ni se contenter de l'autre.

III

Cessons de considérer ce qu'il croit être, et examinons ce qu'il est. On a vu que la timidité engendre l'égotisme, les raffinements de l'analyse, l'ambition romanesque ou l'élévation à l'absolu des sentiments. On va voir qu'elle tend également à produire et produit le plus souvent des effets diamétralement opposés.

Ainsi le timide paraît être un solitaire farouche, et convaincu, que ne peut satisfaire l'imparfaite sympathie qui règne entre les hommes. En fait, ses besoins de sympathie ne sont pas si exigeants; la solitude lui pèse, et il l'évite à sa manière.

Il est humble autant qu'orgueilleux : bien plus, tandis que son orgueil est cérébral, son humilité est naturelle. Il est ambitieux en rêve, et modeste en fait. La vie se charge de le guérir de la maladie de l'idéal ; elle fait fléchir à toute heure la rigueur de ses principes.

« *Tout ou rien !* dit Amiel. Ceci serait mon fond primitif, mon vieil homme. Et pourtant, pourvu qu'on m'aime un peu, qu'on pénètre dans mon sentiment intime, je me sens heureux et ne demande presque rien d'autre. Les caresses d'un enfant, la causerie d'un ami suffisent à me dilater joyeusement. *Ainsi j'aspire à l'infini et peu me contente déjà ;* tout m'inquiète, et la moindre chose me calme... Je me suis souvent surpris à désirer mourir, et pourtant mon ambition de bonheur ne dépasse guère celle de l'oiseau : des ailes ! du soleil ! un nid ! »

Rousseau dit de même que sa sauvagerie, qu'il appuyait sur des principes et dont il se faisait honneur, n'était au fond qu'un rôle que démentait sa nature. « Il est certain que, dans le particulier, je soutins toujours mal mon personnage, et que mes amis et mes connaissances menaient cet ours farouche comme un agneau. »

Les âmes romanesques, éprises de l'absolu, ne

peuvent jamais se consoler entièrement de leur
brouille avec la vie. La solitude, dans laquelle
elle s'enferment, leur est un malaise et une
souffrance. Il se mêle du regret et de l'envie
au dédain qu'elles affichent pour la vie réelle
et les joies communes. Leur sublimité même
leur pèse : elles épuisent vite le charme des
beaux sentiments, et tombent dans le désenchantement et le dégoût. Elles restent « échouées »,
comme dit Clay, « en pleine apathie », et par
apathie, il faut entendre « non pas l'absence de
toute émotion, car dans ces occasions une sorte
d'horreur remplace en nous les émotions actives »,
mais « l'absence de tout motif » [1].

En effet, si, en un sens, la vie solitaire exalte
et raffine les sentiments, en un autre, elle les
dessèche et en tarit la source. L'analyse est un
dissolvant. « Le besoin de connaître, replié sur
le moi, est puni, dit Amiel, comme la curiosité
de Psyché, par la fuite de la chose aimée. » S'analyser, c'est oublier de vivre. Se regarder sentir, au
lieu de se laisser aller à ses sentiments, c'est
laisser échapper ses sentiments mêmes ; c'est se
duper à plaisir, fuir la proie pour l'ombre. « Mon

1. Clay, *l'Alternative*, p. 337, trad. Burdeau ; Paris, Félix Alcan.

bon ami, dit Méphistophélès à Faust, la théorie est grise, et l'arbre de la vie est vert... Je te le dis, un drôle qui spécule est comme un animal qu'un esprit malin fait tournoyer sur l'aride bruyère, tandis que tout autour s'étendent de beaux pâturages. » Le timide ne raisonne pas autrement. Il revient de son idéalisme hautain, et se reproche de manquer la vie : « Pauvre cœur, dit Amiel, tu veux de la vie, tu veux de l'amour, tu veux des illusions, et tu as raison après tout, car la vie est sacrée.... Ah! vivons, sentons, et n'analysons pas toujours. Soyons naïfs avant d'être réfléchis. Éprouvons avant d'étudier. Laissons-nous aller à la vie! »

Les âmes les plus romanesques, les plus subtiles, ont donc des retours à la vie simple. Elles comprennent d'instinct la sagesse qui s'exprime en la page qu'on va lire, et sont portées à suivre les conseils qu'elle renferme :

« Surtout soyez naïf dans vos sensations. Qu'avez-vous besoin de les étudier? N'est-ce pas assez d'en être ému? La sensibilité est un don admirable; elle peut devenir une rare puissance, mais à une condition : c'est que vous ne la retournerez pas contre vous-même. Si d'une faculté créatrice, éminemment spontanée et subtile, vous faites un sujet d'observations; si vous raffinez, si vous examinez, si la sensibilité ne vous suffit pas et qu'il vous faille encore en étudier le mécanisme; si le spectacle d'une âme émue est ce qui vous satisfait le plus dans l'émotion,... si vous mêlez l'analyse humaine aux dons divins,... il n'y a pas de limites à de pareilles perversités, et, je vous en préviens, cela est très grave. Il y a dans l'antiquité une fable charmante qui se prête à beaucoup de sens. Narcisse devint amoureux de son image; il ne la quitta point des yeux, ne put la saisir, et mourut de cette illusion même qui l'avait charmé. Prenez garde à cela, et, quand il vous arrivera de vous apercevoir agissant, souffrant, aimant, vivant, si séduisant que soit le fantôme de vous-même, détournez-vous. » (Fromentin, *Dominique.*)

Dans le cas de la timidité, le danger de l'analyse, signalé ici, n'est peut-être pas si grand qu'on pourrait croire. Le besoin de vivre qui est dans l'âme du timide, résiste à l'apathie, au désenchantement, à tout le pessimisme qui naît de la réflexion. C'est d'abord que la nature en nous est toujours la plus forte : on s'étourdit, on se laisse reprendre à la vie réelle qu'on fait théoriquement profession de dédaigner. C'est ensuite qu'on ne reste point dupe du romanesque, qu'on reconnaît, au vide que laisse dans l'âme la poursuite de l'idéal, l'illusion qu'il y a à le poursuivre, et aux effets destructeurs de l'analyse, la vanité de l'analyse.

La timidité produit la révolte des instincts qu'elle violente. Ainsi l'instinct de sociabilité qu'elle tend à détruire est plus fort qu'elle et se satisfait malgré elle. Le timide étouffe dans la solitude et trouve moyen d'y échapper. Le désir qu'il a de communiquer ses sentiments s'accroît de la difficulté qu'il éprouve à les communiquer. Plus ses sentiments se compliquent et se raffinent, plus il aspire à les faire partager. Quand la camaraderie lui manque, l'intimité lui est nécessaire. « Nous cherchons un être, dit Stendhal, avec qui nous puissions suivre tous nos premiers mouvements, sans songer jamais aux convenances. » Ce confident, dont il ne peut se passer, le timide le rencontrera toujours, ou croira le rencontrer. Il aura le goût de ces amitiés particulières qui sont un prétexte à épanchements intimes.

« Que je suis heureux, écrit Michelet à Poinsot, d'avoir quelqu'un devant qui je ne rougisse pas de paraître ridicule... J'ai toujours senti vivement cette douceur-là dans l'amitié. Il faut que je connaisse toute la vivacité de la tienne pour donner un libre cours à tout : aux déclamations, aux expressions forcées, qui seraient ambitieuses, si tout ceci n'était écrit pour un ami. Je laisse courir ma plume, je ne retiens rien. Tu me connaîtras ainsi tout entier. »

Il est à noter que dans le cas du timide, ce n'est pas l'amitié qui fait naître les confidences, c'est le besoin de confidences qui donne naissance à l'amitié. L'épanchement, en effet, n'est pas la preuve infaillible de l'affection; il en devrait être l'effet, il en est parfois la cause, quand il n'en est pas simplement l'apparence. Les camaraderies si vantées de la jeunesse sont souvent un échange de confidences naïves entre jeunes gens timides, qui se dédommagent dans l'intimité de leur réserve habituelle, de la gêne qu'ils éprouvent à se montrer tels qu'ils sont, en public. Si la timidité rend solitaire, elle dispose donc aussi à la camaraderie et à l'amitié.

Le timide reste d'ailleurs en partie fidèle à son rêve d'une société idéale et d'une intimité entière. Il a besoin de croire parfaits ceux avec lesquels il se lie d'amitié, et il les croit tels tant que sa liaison dure. Il est donc un utopiste en affection, mais il ne laisse pas d'avoir des affections réelles.

Si les affections réelles viennent à lui manquer, il se crée une société idéale, celle des livres, qui lui renvoient l'écho agrandi de tous ses sentiments, si subtils qu'ils soient, si romanesques qu'il les juge lui-même.

Dans l'atmosphère morale où il vit, entouré de livres ou d'amis de choix, le timide exagère l'originalité de son caractère, de ses penchants et de ses goûts, cultive son moi, et se rend chaque jour plus fermé, plus impénétrable aux autres, mais, en même temps, il échappe en partie à la solitude, il satisfait à sa manière ses besoins d'expansion et de vie sociale, et c'est par là qu'il se rend supportable à lui-même.

La timidité est donc un conflit de tendances contraires : elle est l'habitude et le goût de la vie solitaire, combattus par un ardent désir de sociabilité et d'épanchements intimes ; elle est la curiosité à l'égard de soi-même et le dégoût de soi-même ; elle est une analyse tout intérieure et une attention extrême donnée à l'opinion d'autrui ; elle est un orgueil profond et une souffrance secrète. D'un mot, elle est la poursuite vaine de l'idéal dans le réel, et le double désenchantement de la vie et du rêve.

En effet, le mépris exagéré du réel et le dégoût de l'idéal, loin de s'exclure, sont comme les oscillations extrêmes d'une même pensée. « Les âmes les plus délicates », incapables de se déprendre de l'idéal ou de l'absolu, sont portées, dit Secrétan, « au mépris le plus exagéré d'elles-mêmes, au plus affreux désespoir ». D'autre part, les mécomptes de l'idéal peuvent amener les âmes faibles à penser qu'elles n'ont qu'à s'abandonner aux plaisirs vulgaires, mais réels. Combien, même parmi les mieux intentionnés, « ont commencé par l'enthousiasme de la vertu, et ont fini par s'asseoir dans le cynisme et l'hypocrisie » ? Qui n'a « observé cette déclinaison [1] » ? Le timide est exposé à ces chutes, n'étant point proprement un idéaliste, mais un romanesque, ne sachant pas étreindre la réalité, s'y attacher, et ne sachant pas non plus s'en détacher. Chez lui, le souffle de l'imagination éteint les émotions vraies et allume les désirs chimériques, le culte de l'idéal n'est qu'un amour du réel, sans cesse amèrement déçu, mais d'ailleurs persistant et susceptible de renaître sous des formes diverses.

1. Secrétan, *le Principe de la Morale*, Paris, Félix Alcan.

La timidité, sous sa forme spontanée, nous était apparue, non comme un tempérament, mais comme un des aspects d'un tempérament impressionnable, mobile, passant par des alternatives de découragement et d'élan, de crainte et d'audace, de réserve et de confiance. La réflexion n'a pas le pouvoir de changer cette humeur, elle n'arrive pas à la fixer; elle essaie la théorie, elle entreprend la justification des états successifs par lesquels passe le timide; elle ne peut expliquer et justifier la timidité elle-même; elle ne fait qu'accuser et mettre logiquement en relief les contradictions qu'elle enferme. La réflexion complique la timidité; mais la timidité spontanée et la timidité réfléchie présentent les mêmes caractères fondamentaux, et, dans leur évolution générale, sont soumises aux mêmes lois.

CHAPITRE V

I. — Les simulations de la timidité. — La timidité est une bouderie vis-à-vis de soi-même et des autres. — Cette bouderie est agressive et défensive. — La bouderie agressive vis-à-vis des autres exprime, non l'antipathie à leur égard, mais le dépit de manquer leur sympathie et un mécontentement de soi-même. — La bouderie agressive vis-à-vis de soi-même exprime soit la honte qu'on éprouve de ses sentiments, soit la pudeur qui retient de les faire connaître, soit la crainte de les rendre mal, et, en général, une défiance des autres. — La bouderie défensive exprime, au lieu du dépit, le découragement du timide, se reconnaissant incapable de communiquer ses sentiments. Elle n'implique point nécessairement la honte de ces sentiments.

II. — Deux opinions en présence sur le timide : le
timide a le goût de la simulation, il est sincère. —
Leur conciliation : le timide est sincère vis-à-vis
de lui-même, il manque de franchise vis-à-vis des
autres.

Pour achever de comprendre la timidité, il faut
la démasquer, percer à jour ses ruses, ses mensonges et ses défaites. La timidité est naturellement
honteuse : la réflexion aidant, elle devient d'une
dissimulation compliquée, pleine de subtilités et
de détours : le timide ne donne pas seulement aux
autres, il prend lui-même le change sur ses sentiments.

On peut dire qu'il boude les autres, qu'il leur
en veut de pénétrer ses sentiments, et qu'il se
boude lui-même, qu'il s'en veut de n'avoir pas
l'adresse ou le courage de communiquer ses sentiments, ou d'éprouver les sentiments mêmes
qu'il n'ose avouer. Or la bouderie revêt deux
formes : l'une agressive, l'autre défensive. Ainsi
la bouderie vis-à-vis des autres se traduit tantôt
par des rebuffades, par des paroles aigres ou de
mauvaises querelles, tantôt par une attitude humiliée, par un silence morne et découragé; et la
bouderie vis-à-vis de soi-même est tantôt une
rage folle qui s'exerce sur les sentiments qu'on

éprouve, ou un état d'exaspération, tantôt un
dépit secret et résigné.

I

Étudions d'abord la bouderie agressive. L'humeur bourrue et chagrine est au fond une fierté
maladroite. Le timide s'indigne de sa faiblesse; il
ne veut pas être plaint; il ne souffre pas moins
de la compassion devinée que des affronts subis.
Il rebute les gens comme pour leur refuser le
droit ou leur ôter l'envie de s'attendrir sur son
compte. Sa mauvaise humeur est une conséquence
naturelle de la gêne qu'il éprouve, et ainsi elle la
décèle en voulant la cacher. Il est naturel même
que la bouderie du timide prenne la forme agressive : chercher querelle aux autres, quand on s'en
veut à soi-même d'une impression de malaise
dont ils ne sont que l'occasion, est-il rien de plus
humain?

Mais d'autre part être railleur, grognon et bourru
n'implique pas nécessairement qu'on éprouve les
sentiments qu'une telle attitude évoque. Les
esprits les plus enclins à la moquerie sont loin
d'être toujours les plus affranchis de la bienveil-

lance et du respect. La raillerie ne prouve pas du tout l'affranchissement de l'esprit à l'égard des personnes et des choses qu'on raille; elle n'est pas nécessairement l'irrespect, elle peut être simplement le correctif du respect; j'entends la protestation secrète de l'âme contre un respect qu'on juge tyrannique et envahissant, ou encore dont on est gêné devant les autres, parce qu'on ne sait comment le leur faire partager. Ainsi on raille les poètes, et, parmi les poètes, on raille le plus souvent ceux qu'on admire le plus : c'est des tragédies, des grandes pièces lyriques qu'on fait surtout la parodie. On raille encore les sentiments les plus chers et les plus précieux : l'amour, l'amour maternel. L'esprit éprouve le besoin de se venger des servitudes du cœur. On se fait bien noir, bien méchant, alors qu'on est bon, foncièrement et naïvement bon. On peut donc de même aspirer en secret à la sympathie d'autrui, et faire comme si on voulait s'aliéner cette sympathie.

Tel est le cas du timide. Son attitude n'est pas hypocrite et menteuse; elle n'est qu'équivoque. Elle traduit, si j'ose dire, ses sentiments à côté; elle laisse voir, au lieu de sa timidité même, le dépit qu'il en ressent. Le timide est sincère, mais compliqué dans les émotions qu'il éprouve; en

même temps qu'il les éprouve, il les juge, il les
désapprouve et les désavoue; et il s'inquiète
encore de l'effet qu'il produit sur les autres, et
s'efforce d'atténuer et de corriger cet effet. Son
attitude ne contredit pas ses sentiments, mais traduit la contradiction ou la complexité qui existe
dans ces sentiments mêmes.

On a distingué deux sortes de bouderie agressive : la bouderie vis-à-vis de soi-même et vis-
à-vis des autres. En fait, elles ne se séparent pas,
et l'une engendre l'autre. Le timide est bourru
envers les autres parce qu'il est mécontent de
lui-même, et inversement il boude ses sentiments
par cela seul qu'ils ne rencontrent point la sympathie des autres. La mauvaise humeur est toujours double : on en veut en même temps à soi-
même et aux autres.

Toutefois on peut théoriquement distinguer
deux cas : celui où la timidité, entendue comme
la crainte des autres, change la nature de nos sentiments, et celui où la nature de nos sentiments
produit la timidité ou la crainte des autres.

Le premier cas est le plus connu. Benjamin
Constant l'a bien analysé.

« La timidité, dit-il, refoule sur notre cœur les

impressions les plus profondes, dénature dans notre bouche tout ce que nous essayons de dire, et ne nous permet de nous exprimer que par des mots vagues ou par une ironie plus ou moins amère, *comme si nous voulions nous venger sur nos sentiments mêmes de la douleur de ne pouvoir les faire connaître.* » (*Adolphe.*)

Quand le timide s'acharne sur ses sentiments avec une rage mauvaise, quand il prend le parti de les railler le premier, quand il s'efforce même de les arracher de son cœur, n'éprouve-t-il d'autre sentiment que le dépit de ne pouvoir les faire partager ou comprendre? La timidité n'est-elle qu'une mauvaise honte? C'est ainsi qu'on se la représente d'ordinaire. « Parler, dit Vigny, de ses opinions, de ses amitiés, de ses admirations avec un demi-sourire, comme de peu de chose, que l'on est tout près d'abandonner pour dire le contraire : vice français. » (*Journal d'un poète.*)

Nous croyons que la timidité s'explique sans doute ainsi, mais seulement en partie. Il faut considérer le cas où nos sentiments ne dérivent point de la crainte des autres, mais engendrent eux-mêmes cette crainte. La timidité n'est pas seulement une mauvaise honte, elle est encore une sorte de pudeur.

On a parlé d'une « certaine timidité toute française qui retient l'expression des vérités morales sur les lèvres des mieux intentionnés, des meilleurs parmi les éducateurs ». Cette timidité n'est point la sotte peur des railleries, mais la crainte de profaner ses opinions et de les exposer aux outrages, celle de ne pouvoir les rendre ou de les rendre mal, celle de paraître déclamatoire et outré, quand on est sincère. La timidité n'est souvent qu'une gêne à exprimer ses sentiments et à s'y livrer. Une sensibilité fine et nuancée ne peut pas se traduire et ne veut pas se trahir ; elle se fait donc voilée et discrète, ou elle se dérobe entièrement et se déguise. Il arrive au timide de cacher ses sentiments sans avoir à en rougir, de peur seulement qu'on se méprenne sur leur nature et leurs nuances. On ne peut dire qu'il soit réservé, secret ; il se ferait volontiers connaître, mais il ne veut pas qu'on le méconnaisse. Il n'avoue pas ses sentiments, quoiqu'ils soient très avouables, et alors même qu'ils lui. font honneur, justement parce qu'il veut, non s'en faire honneur, mais en goûter la saveur naturelle et pure. C'est un délicat, non un vaniteux. Le trait suivant, emprunté au journal de Marie Bashkirtseff, caractérisera cette humeur malaisée à définir.

« J'irai au Musée demain, seule. On ne saurait croire ce qu'une réflexion niaise peut avoir de blessant en face des chefs-d'œuvre. C'est douloureux comme un coup de couteau, et, si l'on se fâche, on a l'air trop bête. Et enfin, j'ai des pudeurs qu'on ne s'expliquera peut-être pas. Je ne voudrais pas qu'on me vît admirant quelque chose ; enfin j'ai honte d'être surprise manifestant une impression sincère ; je ne sais m'expliquer ici.

« Il me semble qu'on ne peut sérieusement parler de quelque chose qui vous a remué qu'avec quelqu'un avec qui on est en parfaite communion d'idées. On cause bien avec... Tenez ! Je cause bien avec Julien qui n'est pas une bête, mais il y a toujours une pointe d'exagération, pour que l'enthousiasme par exemple ait un côté moqueur qui vous mette à l'abri de la raillerie, quelque légère qu'elle soit. Mais recevoir une impression profonde, et la dire sérieusement, simplement, comme on l'a sentie... Je ne me figure pas que je le pourrais à d'autres qu'à quelqu'un que j'aimerais complètement... Et si je le pouvais à un indifférent, cela créerait immédiatement un lien invisible, et qui gênerait fort après ; on semble avoir commis une mauvaise action ensemble. »

Il ressort de cette subtile analyse que la timidité peut uniquement provenir de l'incapacité de rendre des pensées et des sentiments d'un tour original et d'un accent personnel, et se trouver entièrement exempte d'amour-propre et de fausse honte. La timidité, qu'on a appelée un vice et un « vice français », est la déformation des sentiments produite par la crainte de l'opinion. Mais il y a une autre timidité, qui est le secret gardé des émotions intérieures. Ne faut-il pas dire, pour être juste, que c'est là aussi une qualité de l'âme française? « L'Allemand, dit Stendhal, n'a pas la pudeur de l'attendrissement. » Le même reproche ne peut être adressé à ces Français qu'on dit si légers : ils ont le respect de leurs émotions, et le poussent même jusqu'à l'excès.

Distinguons donc soigneusement de la timidité qui n'est qu'une fausse honte celle qui est une pudeur. Ces sentiments différents revêtent une forme commune : la bouderie agressive. Cette bouderie elle-même se traduit tantôt par une raillerie inoffensive, légère, qui s'exerce sur les choses plutôt que sur les personnes, et sur la personne du railleur plutôt que sur celle des autres, tantôt par une raillerie amère, offensante et injuste, tantôt par une ironie froide et contrainte, par « une certaine absence d'abandon » et « une difficulté de causer sérieusement ». (Benjamin Constant.) Ainsi la bouderie, qui répond déjà à des sentiments divers, revêt elle-même des formes diverses. Il ne faut pas y croire : elle donne l'illusion de la hardiesse, et elle est un effet de la timidité. Le timide, moins que personne, ne peut être jugé sur l'apparence : il fait grand cas de la sympathie des autres, quand il paraît en faire fi ; il ne rebuterait pas les gens s'ils lui étaient indifférents ; et il se dépite contre lui-même, quand on lui croit du dédain pour eux.

Si la bouderie agressive du timide n'est qu'une attitude, il en faut dire autant de sa bouderie défensive ou de son humilité. Le timide le plus connu, sinon le plus commun, celui qui s'efface et rentre sous terre, n'est qu'un faux humble, comme le timide arrogant n'est qu'un faux brave. Les airs cavaliers ne prouvent pas l'irrespect ; l'air gêné ne prouve pas davantage la modestie. C'est ce qu'atteste cette fine remarque d'Eliot : « La timidité (extérieure) d'un garçon n'est nullement un signe de respect évident ; et tandis que vous lui faites des avances encourageantes dans la pensée qu'il est accablé par la conscience de votre sagesse, il y a dix à parier contre un qu'il vous trouve très ennuyeux. » (*Le Moulin sur la Floss.*)

Le timide peut se résigner en un sens à paraître aux yeux des autres ce qu'il n'est pas. Il se console d'être mal jugé ; c'est qu'au fond il n'accepte pas les jugements qu'on porte sur lui, mais les revise intérieurement. Son amour-propre le venge de l'effet qu'il produit, en même temps que sa paresse trouve son compte à jouer dans le monde un rôle effacé. « Je vois de plus en plus, dit Stendhal, que la vanité est faible chez moi. Je ne m'en sauve que par l'orgueil, comme dit Vauvenargues. » Nous pouvons souffrir en effet dans notre vanité de n'être pas appréciés à notre valeur, mais le sentiment de notre valeur méconnue a aussi sa douceur secrète, et l'orgueil satisfait ne sent plus les petites piqûres de l'amour-propre.

Le timide qui s'efface devant les autres ne se juge pas pour cela inférieur aux autres ; comme le Disciple de Bourget, cet « égotiste absolu, doué d'une extraordinaire énergie de dédain à l'égard de tous », il serait plutôt tenté de dire : « Je me sentais différent (des autres) d'une différence que je résumerai d'un mot : je croyais les comprendre tout entiers, et je ne croyais pas qu'ils me comprissent. » Le timide se raidit intérieurement contre les humiliations qu'il subit. Il se juge méconnu, incompris, et s'accorde à lui-même l'estime qu'il se persuade que les autres ne lui refuseraient point s'ils pouvaient le connaître. « Dans l'ordre de la sensibilité, comme dans celui de la pensée, dit le même personnage de Bourget, j'ai eu presque aussitôt l'impression que je ne pouvais me livrer tout entier. J'apprenais, à peine né à la vie intellectuelle, qu'il y avait en nous un obscur élément incommunicable. Ce fut d'abord chez moi une *timidité*. Cela devint par la suite un *orgueil*. Mais tous les orgueils n'ont-ils pas une origine analogue? Ne pas oser se montrer, c'est s'isoler; et s'isoler, c'est bien vite se préférer. »

L'orgueil peut donc se cacher sous les dehors de l'humilité. Nous ne disons point pourtant que l'orgueil soit inhérent à la timidité : selon nous, il n'en est pas l'effet, il n'en est pas non plus le principe; mais il peut très bien s'y ajouter par surcroît. Le timide, en tant que tel, n'est pas orgueilleux; mais il peut être doublé d'un orgueilleux. Le timide renonce à se faire valoir, mais il n'oublie pas ce qu'il vaut, et il peut encore s'exagérer ce qu'il vaut. Il reste extérieurement humble, puisqu'il ne prétend point que les autres aient de lui une bonne opinion; mais il est secrètement orgueilleux, puisqu'il a de lui-même une bonne, et souvent une trop bonne opinion. L'orgueil secret du timide a même ceci de particulier qu'il est irréductible : les jugements des autres n'ébranlent point en effet la confiance qu'il a en lui-même

Le contraste entre l'attitude humiliée du timide et ses sentiments de fierté intérieure est analogue à celui qu'on a signalé entre sa bouderie agressive et ses sentiments de bienveillance et de respect. Le timide aspirant à la sympathie d'autrui, sans pouvoir l'atteindre, conçoit, suivant son humeur, du découragement ou du dépit. Le découragement se traduit par l'humilité, le dépit par la hauteur : mais ni l'une ni l'autre de ces attitudes n'exprime les sentiments vrais du timide.

II

Dès lors une nouvelle question se pose : le timide n'est-il pas toujours faux? Il est faussement humble et faussement bourru, et on ne se tromperait guère en lui attribuant des sentiments exactement contraires à ceux qu'il fait paraître. La simulation fait-elle donc partie de sa nature, ou son attitude seule est-elle mensongère?

On serait tenté de croire que la timidité développe la duplicité. La duplicité, n'est-ce pas, entendu au sens moral, ce dédoublement du moi qui nous a paru la caractéristique de la timidité? On a parlé d'« étranges plaisirs de simulation désintéressée », qui se rattacheraient à la « complication sentimentale », laquelle est elle-même un effet de l'égotisme du timide.

« Il m'est arrivé, dit le Disciple de Bourget, de raconter à mes camarades toutes sortes de détails inexacts sur moi-même, sur mon endroit de naissance, sur l'endroit de naissance de mon père, etc., et non pour me vanter, mais pour *être un autre*, simplement. J'ai goûté plus tard des voluptés singulières à étaler les opinions les plus opposées à celles que je considérais comme la vérité, pour le même bizarre motif. Jouer un rôle à côté de ma vraie nature m'apparaissait comme un enrichissement de ma personne. »

Un timide avéré, Rousseau, a eu le goût de ces mystifications étranges; on ne compte plus les mensonges des *Confessions*.

Et pourtant Rousseau n'a rien plus à cœur que d'être sincère, et paraît l'être vraiment. Je crois plutôt à sa folie qu'à sa fausseté. Les *Confessions* peuvent être regardées comme un livre d'une sincérité absolue, puisqu'aussi bien la sincérité n'est point l'exactitude matérielle des faits. On remarque encore que d'autres timides, comme Stendhal, ont eu l'horreur du faux en tout genre, et par exemple du déclamatoire, de l'outré; de là, chez eux, le souci scrupuleux de la notation précise, et le goût de l'analyse sèche, impitoyable de vérité et de justesse.

Cette manie de simulation et cette passion du vrai peuvent-elles donc se rencontrer ensemble? Et sont-elles également liées à la timidité?

Peut-être. Je distinguerais volontiers deux sortes de sincérité : l'une envers les autres, l'autre envers soi-même. Il se peut que le timide ait seulement la seconde, qu'il tienne pour insignifiants ses actes extérieurs, qu'il se montre inconséquent, bizarre et différent de lui-même dans sa conduite envers les autres. Il se laisserait aller à des actions qui lui répugnent et par exemple au mensonge, non par indifférence morale, mais par mépris pour la comédie humaine, au rebours de ceux qui, vivant pour les autres, ont une conduite irréprochable, mais des sentiments qui la démentent.

On peut d'ailleurs donner une explication, complémentaire et plus simple, des mensonges du timide, en distinguant en lui, comme on a fait en Dieu, une volonté *antécédente* et une volonté *conséquente*. Le timide veut *antécédemment* être vrai, et se montrer tel qu'il est; mais, comme il n'y réussit point, comme son attitude le trahit, il veut qu'on n'en croie pas cette attitude, et il en prend *conséquemment* une autre, toute contraire, qui paraît hypocrite et menteuse, mais qui est, dans son intention, seulement destinée à corriger la première.

Rappelons encore que le timide est hanté de l'idée de la perfection; il veut donc être entièrement naturel, et rigoureusement juste dans l'expression de ses sentiments et de ses pensées; mais cette préoccupation même lui fait manquer le but; alors il se dépite, et, ne pouvant être vrai, comme il l'entend, il se complaît dans le mensonge paradoxal et fou.

La timidité est donc liée, directement à la sincérité, et indirectement au mensonge. Le timide veut être vrai, et ne sait être que faux. Le taxer d'hypocrisie, c'est le juger en gros et trop sévèrement, c'est commettre l'éternel sophisme de la philosophie paresseuse, c'est refuser de pénétrer les natures complexes, les déclarer incompréhensibles et conclure qu'elles n'existent pas. La timidité est si peu la dissimulation qu'on pourrait la définir souvent l'incapacité d'être naturel provenant d'un désir trop scrupuleux de le paraître.

En résumé, le timide, se renfermant en lui-même, prend l'habitude de voir clair dans son âme, et est sincère dans ses sentiments et dans ses pensées; mais par contre, il demeure fermé aux autres, et étant en outre prévenu contre eux, il manque à leur égard de cordialité, d'abandon et de franchise; il les indispose et les déçoit par son attitude; il les leurre et il les trompe. Il joue vraiment un double personnage, et se laisse prendre à son rôle.

CHAPITRE VI

LES TIMIDITÉS SPÉCIALES

I. — La timidité pratique et la hardiesse spéculative des intellectuels. — Cette dernière est plus
apparente que réelle. Elle se croit inoffensive et
n'existe qu'en raison de cette croyance. — Inconséquence des intellectuels : le désaccord des principes et de la conduite. — La timidité intellectuelle
proprement dite : répugnance des esprits à user
de toute leur raison et à la suivre en toutes choses.
— Effets de la timidité sur l'intelligence : développement de l'originalité, de l'intransigeance des
opinions, etc.
II. — La timidité intellectuelle et l'audace pratique
des hommes d'action. — Leurs rapports. — Les
audaces du timide : il ne suit que sa volonté, mais
il a en vue d'assurer l'indépendance de ses résolutions plus que le succès de ses actes. — C'est un
caractère, mais un caractère *en dedans*. — La timi-

dité pratique proprement dite : répugnance de la
volonté à donner toute sa mesure.

III. — La timidité intellectuelle et pratique des sentimentaux et leur hardiesse de cœur. — Leur hardiesse consiste à ne suivre que leurs sentiments,
leur timidité à ne pas faire passer leurs sentiments
dans leur vie. — La timidité sentimentale proprement dite : répugnance à suivre ses sentiments.

On a considéré jusqu'ici la timidité en général.
Mais en fait il n'existe que des timidités particulières. Le détail de ces timidités irait à l'infini;
mais on peut en étudier les principaux types.
Nous en distinguerons trois : la timidité des
intellectuels, — des hommes d'action, — des sentimentaux.

I

On est presque toujours timide dans un sens et
hardi dans un autre. Il semble que, par une loi
de compensation, la timidité pratique soit liée
par exemple à la hardiesse spéculative. Rien de
plus commun que « la rencontre d'un cerveau tout-
puissant dans le domaine des idées, et d'un naïf,
d'un *timide*, presque d'un comique dans l'ordre
des faits ». Bourget, analysant ce qu'il appelle

« la sensibilité animale des hommes d'intelligence », définit ceux-ci « des hommes gauches, malhabiles à la vie pratique,... que l'action désoriente, et pour qui le moindre ennui physique devient un malheur véritable ». Ils iraient « au martyre pour leurs convictions, avec la fermeté d'un Bruno ou d'un Vanini », et à la pensée d'un dérangement à subir, d'un voyage à entreprendre, ou « d'aussi médiocres tracas », ils se sentent « saisis d'une sorte de détresse animale [1] ». Carlyle est le type accompli de ce genre de timides. « Jamais homme ne fut aussi désarmé devant les soucis matériels. La seule pensée d'entrer dans une boutique le rendait malheureux... L'idée de se commander un habit et de s'acheter des gants l'anéantissait. La pensée de partir après son mariage, seul avec sa femme, lui paraissait purement et simplement inadmissible [2]. »

Une timidité analogue, mais plus pondérée, plus calme, apparaît chez Descartes, chez Spinoza, chez Kant. Lorsqu'ils s'enferment dans la solitude, ces penseurs n'ont pas seulement le légitime souci de s'assurer l'indépendance et les loisirs

1. Bourget, *le Disciple, portrait d'Adrien Sixte.*
2. Arvède Barine, *Portraits de femmes, Madame Carlyle.* Hachette.

nécessaires à leurs travaux; ils ont l'isolement farouche, ils se disent indifférents aux hommes qu'ils croisent dans les rues comme aux arbres des forêts [1], ils sont « presque absolument étrangers aux affections ordinaires de la vie » (Bourget). Leur existence extérieure se déroule dans un cercle étroit d'habitudes machinales, d'occupations et de distractions régulières. Ils sont ce que le vulgaire appelle irrévencieusement des maniaques.

Si l'on réfléchit bien à ce caractère timide des penseurs qui les porte à fuir la vie, on sera tenté de croire que ce caractère influe sur leur esprit, et qu'ainsi il faut en rabattre de la hardiesse même de leur pensée. Cette hardiesse, en tout cas, leur pèse : quand ils s'en rendent compte, ils en redoutent les suites.

De plus ils ne sont si hardis dans la spéculation que parce qu'ils la tiennent systématiquement en dehors des questions pratiques. Ainsi le doute de Descartes n'atteint point les opinions reçues en politique, en religion, en éducation et en morale; il est d'ordre exclusivement spéculatif et logique. Il paraît téméraire et l'est en effet, en soi et pour

1. Descartes, *Lettre à Balzac.*

nous; mais combien il se croit pourtant et veut être réservé et prudent!

Descartes avoue sa répugnance à écrire un livre, à s'engager dans la polémique; il évite les questions brûlantes; en politique, il serait « marri » de passer pour « brouillon »; il « a toujours craint d'être mal noté par l'Église, et on lui voit prendre sur cela des précautions qui vont jusqu'à l'excès » (Bossuet). Ce penseur libre et profond a l'esprit timoré d'un conservateur. Il admet (à titre provisoire sans doute, mais ce provisoire a bien l'air d'être resté définitif) deux logiques : l'une, pour la spéculation, l'autre, pour l'action. Dans l'ordre de l'action, la vraisemblance suffit, et la tradition fait autorité; dans la spéculation, la vérité absolue est nécessaire, et la raison seule est notre guide.

Un philosophe contemporain distingue de même ce qu'il appelle le *doute réel et efficace* et le *doute logique*. « Cette distinction, dit-il, est capitale à mes yeux; elle justifie l'inconséquence si facile à relever entre les concepts rationnels et les maximes pratiques chez la plupart des hommes [1]. » Ainsi telle idée, que la raison tient

1. Sully Prudhomme, *Que sais-je?* p. 208.

pour absurde, comme celle du désintéressement,
du libre arbitre, n'éveillera point de doute réel,
efficace.

Tel est exactement le point de vue, je ne dis
pas seulement de Descartes, mais des philosophes
en général. Il est curieux de noter chez la plupart des penseurs une certaine défiance à l'égard
de la spéculation, lorsqu'il s'agit des choses de la
vie, d'ailleurs « les plus complexes, les plus
malaisées à définir ». Leur timidité pratique a
l'air de demander grâce pour la hardiesse de leur
pensée.

L'attitude réservée d'un Descartes en face de
toute tradition, autre que philosophique, peut,
dira-t-on, être rapportée à l'influence de son
siècle; je crois plutôt qu'elle était dans le tour
de son esprit; je note en effet la même disposition
chez les philosophes d'aujourd'hui qui ne seraient
point tenus à tant de prudence. « Si je suis pas-
sablement hardi en pensée, dit Renan, je suis en
pratique timide et cauteleux jusqu'à l'excès. »
(Lettres de 1848.) « Je puis bien être hardie dans
mes spéculations philosophiques, dit Mme Ackermann, mais en revanche j'ai toujours été extrêmement circonspecte dans ma conduite. » Taine,
« cet homme d'une si intransigeante audace de

pensée, était devenu, dit Lemaître, énergiquement *conservateur*. (Le fut-il pour les mêmes affreuses raisons que Hobbes? On ne sait.) Et non seulement il refusa des obsèques civiles qui seules eussent été sincères, mais encore il ne se laissa point enterrer selon le rite de sa religion natale, ce qui n'aurait eu, dans l'espèce, qu'une très faible signification; il demanda — ou accepta — des funérailles protestantes. » On sait aussi qu'il avait fait donner à ses enfants une éducation religieuse.

Les penseurs, qui passent pour hardis, admettent donc, seulement à titre logique, et pour la satisfaction de leur esprit, toutes les conséquences de leurs principes, mais ils reculeraient épouvantés devant leur réalisation [1]. Ceux qu'on appelle des révolutionnaires sont souvent en fait, témoin Rousseau, des esprits durs et hautains, et des caractères faibles et timides.

La timidité commune aux hommes d'intelligence consiste en ce qu'ils se récusent comme incompétents ou désintéressés dans l'ordre de l'action, et se récusent à tort, séparant artificiel-

---

1. « La philosophie de Taine se retrouve dramatisée dans le roman naturaliste; et l'on sait que le roman naturaliste lui faisait horreur. » (Lemaître.)

lement lès principes de la conduite, et se trouvant d'ailleurs engagés malgré eux. Cette timidité, quoique intellectuelle par certains côtés, peut cependant, dans l'ensemble, être appelée pratique.

Il existe une autre timidité, proprement intellectuelle.

Il y a peu de ces « gens universels, dont parle Pascal, qui ne sont ni poètes, ni géomètres, etc., mais qui sont tout cela, et juges de tous ceux-là », Le monde est plein d'esprits incomplets, systématiquement enfermés dans une sphère étroite, en dehors de laquelle ils n'osent pas user de leur raison. La timidité intellectuelle, voisine de la paresse, consistera à s'interdire une opinion personnelle sur les questions de bon sens dont tout le monde est juge. La timidité étant caractérisée par la recherche de l'absolu en toutes choses, la défiance excessive de l'esprit à l'égard de soi-même, l'abdication de la raison devant des problèmes qui ne la dépassent point, proviendra justement d'une conception trop haute de la certitude. C'est ainsi qu'on voit des savants de mérite qui gardent une candeur d'enfant devant les questions religieuses, politiques, etc. Si la timidité

intellectuelle est une compétence réelle qui
s'ignore ou se dérobe, combien de bons esprits
sont timides! Les intelligences qui ne vont pas
jusqu'au bout de leur pensée, ou celles qui, ayant
une fois donné leur mesure, s'étant montrées, sur
un point, personnelles, judicieuses et profondes,
sont ensuite d'une crédulité grossière, et tombent
dans le préjugé courant, à propos de questions
analogues ou plus simples, pèchent-elles seulement par paresse, ne pèchent-elles pas encore par
timidité?

Mais la timidité n'a pas exclusivement sur les
esprits une action en quelque sorte déprimante.
On a constaté qu'elle se rencontre unie à la hardiesse de pensée. Cette rencontre n'est point
accidentelle. Le timide est, intellectuellement, un
isolé : s'il n'exerce point, il ne subit pas non plus
d'influence sociale, il échappe à son milieu. Il est
personnel; et cela suffit à le faire paraître hardi,
bien plus à le rendre tel en effet, quoique à son
insu et contre son gré. La timidité développe
l'originalité de l'esprit qui, considérée du dehors,
s'appelle la hardiesse.

Le timide, ne sachant point communiquer ses
pensées, s'habitue à les développer en lui-même

et pour lui-même. Il ne prend pas le mot d'ordre
de l'opinion; on dirait qu'il la brave; en réalité,
il l'ignore ou la néglige. Voué par nature à l'isolement intellectuel, il trouve encore, à la réflexion,
des raisons de s'y tenir, de « haïr et d'écarter le
vulgaire profane ».

La solitude imprime à son esprit un tour particulier. Il contemple les idées en elles-mêmes,
dans leur hauteur sereine; il ne considère point
leur retentissement social, leur actualité, en un
mot tout ce qui les *futilise*, suivant le barbarisme
énergique de Brunetière. Il conçoit toutes choses
sous la forme de l'absolu; il est idéaliste.

Ce tempérament intellectuel a sa grandeur et
même ses avantages pratiques. Il a aussi ses dan-
gers. Il implique l'intransigeance, la raideur des
opinions. Le timide ne tient pas compte des jugements d'autrui; il abonde en son sens. Son propre
jugement est en défaut parce qu'il repose sur une
expérience personnelle et partant étroite. Il a des
idées fausses sur les hommes et les choses : c'est
un utopiste. Ce n'est pas qu'il n'ait des intuitions
heureuses : ayant l'habitude et le goût de l'analyse intérieure, il découvre les mobiles secrets des
actes, le ressort mystérieux des âmes. Mais il ne
comprend les autres qu'autant qu'ils lui ressem-

blent; il les connaît donc imparfaitement et commet des méprises énormes. Ses jugements sont empreints à la fois de naïveté et de profondeur.

Cependant il est intellectuellement quelqu'un : il peut être étroit et bizarre, il n'est point banal. M. Tarde, qui a écrit sur la timidité des pages ingénieuses et brillantes [1], la regarde avec raison comme une condition de l'originalité. S'il n'y a que deux types d'esprits : les inventeurs et les imitateurs, le timide serait de la race des premiers. Du moins la timidité ne laisse à l'esprit d'autre voie ouverte que celle de l'invention. Elle ne rend pas inventif sans doute, elle ne donne pas le génie; elle ôte simplement la faculté d'assimilation, mais par là elle crée le besoin de suppléer à cette faculté, elle tend les forces spontanées de l'esprit, elle suscite, sinon l'invention, du moins l'effort inventif.

En résumé, la timidité intellectuelle produit deux effets inverses : l'extrême défiance de l'esprit à l'égard de soi-même, lorsqu'il considère ses idées dans leurs conséquences pratiques, et l'extrême confiance de l'esprit en soi, lorsqu'il con-

1. *Les lois de l'Imitation*, Paris, Félix Alcan.

sidère ses idées en elles-mêmes, la crainte de l'opinion dans le domaine des faits, et le mépris de l'opinion dans celui de la pensée.

II

La timidité n'est point propre aux intellectuels. Les hommes d'action ont la leur. Ceux qui se montrent entreprenants, fermes et résolus dans leur conduite sont souvent des esprits simplistes, attachés à la coutume et aux préjugés, qui se défient de leur raison et en général de la raison. Ils ne s'embarrassent pas des principes ; ils ont de la répugnance à analyser leurs idées, ils s'interdisent la réflexion comme oiseuse, incommode et troublante ; ils ne veulent pas être pénétrés et ne se pénètrent pas eux-mêmes à fond. La force de leurs convictions vient en partie de ce qu'ils ne les discutent pas et ne les laissent pas contester. Ils jettent un voile discret sur tous les servages qu'ils subissent : servage de l'opinion, des influences sociales, servage des habitudes, du caractère individuel, des intérêts et des passions. Ils peuvent réunir toutes les qualités de l'esprit, mais ils n'ont point l'esprit critique; ils ont le bon sens, ils n'ont point la raison.

Cette absence de critique, cette disposition à ne pas aller au fond des choses est souvent en outre un défaut dont on se pare; on la cultive comme un don, on s'en prévaut comme d'une supériorité. La timidité de pensée devient un orgueil; le bon sens épais se complaît en lui-même et se sait gré de ses ignorances.

La timidité intellectuelle des hommes d'action répond à la timidité pratique des penseurs. On a vu que les penseurs ne se permettent la hardiesse spéculative que parce qu'ils la croient pratiquement inoffensive, et que cette hardiesse est ainsi plus apparente que réelle. De même l'audace des hommes d'action serait moindre s'ils soumettaient à leur raison leurs motifs d'agir; cette audace repose donc au fond sur une timidité intellectuelle.

Mais il existe aussi une timidité d'action proprement dite. Cette timidité se laisse malaisément saisir. On peut se tromper sur sa nature, car elle produit justement l'illusion de l'audace. Essayons de l'analyser, mais commençons par la définir.

Au point de vue du caractère, qu'est-ce qu'être

timide? C'est ne pas savoir accorder sa conduite avec celle d'autrui, s'en rendre compte, et par suite se résoudre ou à ne point agir, ou à agir à sa tête.

Alors qu'elle renonce à agir, la volonté du timide n'abdique point : il lui plaît d'attendre et de choisir son heure; elle ne se trouve pas prête et se réserve. Le timide, vivant en lui-même, rumine ses motifs, combine ses actes. Il délibère longtemps sans pouvoir se résoudre; des tempêtes s'agitent sous son crâne; on le croit sans desseins; il médite sournoisement ses coups. Quand la crise volontaire éclate, il paraît sortir de son caractère; il ne fait qu'exprimer sa volonté latente. Ses sentiments longtemps comprimés se déchaînent. Il a laissé par exemple s'accumuler en son cœur une sourde colère contre une personne; un jour cette colère éclate pour un motif futile; elle paraît injustifiée; elle est naturelle pourtant, et aurait pu être prévue.

Quand le timide agit, c'est de même ainsi par à-coups. La volonté chez lui est explosive; elle ne sait point diriger et contenir son élan. C'est qu'elle ne se plie point aux circonstances, qu'elle ne consulte qu'elle-même, et cherche seulement à se satisfaire. Par suite elle est condamnée à ne trouver qu'une satisfaction idéale; comme elle s'en rend compte, elle n'en cherche point d'autre; elle ne vise point le succès; elle n'attribue aux actes qu'une valeur secondaire, elle ne les considère que comme expression de son arbitre souverain. Pour mieux se maintenir dans la région supérieure de l'absolu, elle entend ne répondre que de ses intentions. Par une sorte de paradoxe et de défi, le timide veut être jugé d'après son caractère, non d'après sa conduite. Telle est la prétention constante de Rousseau.

Cette prétention est très logique. Le timide ne sait point se mettre en harmonie avec son milieu. Sa conduite sociale ne donne pas l'idée de son caractère individuel. Il soutient donc avec raison tantôt que ses actes, qui du dehors paraissent les plus graves, sont en eux-mêmes indifférents, n'exprimant point directement sa volonté, tantôt que ses actes, jugés les plus insignifiants, reflètent son caractère tout entier. Il ne veut pas être jugé sur les apparences les plus fortes, et il voudrait l'être sur les moindres indices. Comme il suit une logique intérieure, il paraît fantasque, incompréhensible aux autres, et le paraît d'autant plus qu'il est fidèle à lui-même et à son caractère. Il est une troublante énigme, et produit une impression pénible sur ceux mêmes qui l'estiment et qui l'aiment; témoin Rousseau, témoin Le Tasse (d'après Goethe).

Au reste il ne comprend pas mieux les autres qu'il n'en est compris. Il ne s'en prend pas à lui-même d'être méconnu; il accuse les autres; il se croit l'objet d'une persécution imaginaire, et il devient provocant et injuste (voir Rousseau : les *Confessions*, 2ᵉ partie; — Goethe : *Torquato Tasso*).

La timidité développe donc en un sens la personnalité : elle l'aigrit, la rend défiante, ombrageuse, jalouse, et, à l'occasion, combative. Elle semblerait devoir abolir entièrement la volonté : elle la frappe d'impuissance et la décourage d'agir. Le timide en effet est toujours en conflit avec les autres hommes : il les prend à rebours, parce qu'il n'entre point dans leur caractère. Ou il brave leur jugement, affirme sa volonté à l'encontre de la leur, se montre autoritaire, cassant, violent et obstiné; ou il leur cède tous ses avantages, ne sait pas se défendre, abandonne la lutte. Mais par là même qu'elle rend la volonté inefficace et lui donne le sentiment de son inefficacité, la timidité replie en quelque sorte le caractère sur lui-même, développe son énergie intérieure. Elle opère la dissociation de la résolution et de l'action, et tend à fortifier l'une autant qu'à réduire l'autre.

En somme la timidité du caractère est analogue à celle de l'esprit. Elle est l'extrême confiance de la volonté en elle-même et dans ses motifs, et le manque d'assurance, de fermeté et de suite dans la conduite. Elle est le développement aigu de la personnalité, non de celle qui s'affirme au dehors par des actes, mais de celle qui s'agite et s'établit au dedans de nous, en dépit et souvent au rebours et à l'encontre des circonstances extérieures, du milieu social. Elle est finalement la volonté qui se console de son impuissance à agir par l'inébranlable fierté de ses résolutions intérieures.

On n'étudiera point les formes particulières de la timidité d'action. Il suffira d'en indiquer le principe. De même que la timidité intellectuelle est une compétence qui s'ignore, la timidité d'action est une habileté réelle qui n'ose se produire. On sait les inconvénients de la division du travail : pour une capacité qu'elle développe, elle crée une foule d'incapacités. Chacun s'enferme dans une sphère d'activité étroite, et n'en veut plus sortir. Il en résulte, non pas seulement un abaissement de l'intelligence, mais une diminution du courage. La volonté se défie d'elle-même, ne connaît plus tout son pouvoir, cesse de l'exercer, et le perd. On entrevoit sans peine toutes les formes que peut prendre cette incapacité imaginaire.

III

Le cœur a sa timidité, comme le caractère et l'esprit. Les natures sentimentales semblent même particulièrement vouées à la timidité. Elles s'effarouchent de l'action, qui a ses exigences brutales, et de la pensée pure, dont elles ne comprennent pas le détachement hautain.

On voit que la sentimentalité s'accompagne souvent d'une grande puissance d'abstraction. Des personnes, douées d'une bonté exquise, traversent, sans une souillure, sans une diminution d'elles-mêmes, les milieux les plus déformants et les plus grossiers. Elles vivent parmi des êtres cupides, brutaux, ou simplement communs, fermés aux pures émotions du cœur, et trouvent là l'emploi de leurs besoins d'affection. Or, si on ne les suppose point entièrement aveugles, il faut bien admettre qu'elles échappent à l'écœurement et au dégoût par une timidité pratique qui devient, à la longue, une résignation fataliste aux conditions de la vie, et aussi par une timidité intellectuelle qui consiste à ne pas s'arrêter aux pensées pénibles et à ne les approfondir jamais.

La timidité de pensée en particulier apparaît clairement chez les sentimentaux, soit qu'ils s'alarment des moindres libertés de l'esprit, et tiennent pour offensante et dangereuse toute idée qui paraît contredire les croyances où ils ont mis leur cœur, soit qu'ils se prêtent, comme à un jeu, aux plus grandes hardiesses spéculatives, et montrent un esprit pénétrant et profond, mais à la condition étrange de ne l'appliquer jamais aux questions dans lesquelles leur cœur a pris parti. C'est ainsi que souvent les croyances religieuses survivent dans les âmes, soutenues par le sentiment, et vainement ébranlées par la raison.

Dans l'ordre affectif, le timide est celui qui ne peut et se rend compte qu'il ne peut ni partager les sentiments des autres ni leur faire partager les siens. Il prend donc le parti de fermer son cœur, c'est-à-dire qu'il ne livre point ses sentiments en pâture à la curiosité d'autrui, qu'il les soustrait à l'indifférence, à la raillerie et au dédain, qu'il craint d'en altérer la pureté par le

contact avec la foule, les cultivant d'ailleurs en
lui avec un soin jaloux, se livrant exclusivement
à leur inspiration, sentant, si j'ose dire, avec son
cœur et ne percevant point ses émotions à travers celles d'autrui. En un mot, il est une personnalité sentimentale qui se défend par la froideur,
mais par « une froideur apparente, où il y a de
la pudeur, et les sentiments vrais en ont besoin »,
et où « il entre aussi du dédain, bonne monnaie
pour payer les choses humaines ». (Vigny.)

Il y a un égotisme en affection qui consiste à
ne suivre que son cœur. Le timide sentimental
a cet égotisme : il n'entre point en sympathie avec
les autres, même avec ceux qu'il aime, parce
qu'il les aime, et s'obstine à les aimer, à sa façon,
non à la leur. Il s'applique à être sincère, c'est-à-
dire à être entièrement lui-même. Ses sentiments
sont ce qu'ils sont : il n'en retranche rien, il n'en
atténue rien. Il pourra faire à son milieu toutes
les concessions, sans engager par là ses sentiments. Il pourra aussi rebuter les gens par une
franchise dure et tranchante, qui pourtant n'exclut
pas la tendresse. Il ne se dépouille donc jamais
de sa personnalité et ainsi n'entend point, si j'ose
dire, la pratique de l'affection. Il ne réussit ni à
se faire aimer ni à faire agréer son amour. Il

dépite ou irrite les autres, et il en vient lui-même
à se défier de son cœur. Il refoule alors en lui
ses sentiments, il ne leur fait point dans sa vie
la place qu'ils ont dans son âme, il ne leur trouve
point d'emploi.

La timidité dissocie les sentiments et la conduite, exalte les uns et réduit l'autre. Le timide
suit son cœur, en ce sens qu'il laisse se développer en lui une sentimentalité farouche, intransigeante et hautaine, et il se défie de son cœur,
en ce sens qu'il se détourne des actes, auxquels
ses sentiments sembleraient devoir le porter.

Il a une foi absolue dans ses sentiments, et
une répugnance à s'y livrer, ou, plus exactement,
à les livrer, à les produire au grand jour; il les
cultive en son cœur, il ne sait pas les faire fleurir
et s'épanouir dans sa vie; il en goûte le charme
dans sa pureté idéale, mais il se désintéresse
de leur objet ou de leur fin réelle.

La timidité sentimentale revêt elle-même bien
des formes différentes, dans le détail desquelles
nous ne pouvons entrer. Disons seulement qu'elle
est la répugnance à suivre tel ou tel des sentiments qu'on éprouve, soit parce que ce sentiment
est d'une vitalité trop faible, et qu'on ne se sent
pas porté et entraîné par lui, soit parce qu'au

contraire il est de ces sentiments profonds et intimes, sur lesquels, comme on dit très bien, on n'entend pas raison, et auxquels on ne souffre pas qu'il soit porté atteinte; c'est ainsi que le cœur le plus noble et le plus courageux a ses timidités, est faible et vulnérable par quelque endroit.

En résumé, on observe une analogie parfaite entre les formes diverses de la timidité : les types de timides que nous avons distingués, l'intellectuel, le volontaire, le sentimental, présentent des caractères communs et évoluent selon les mêmes lois.

CHAPITRE VII

CONCLUSIONS PRATIQUES. — S'IL FAUT GUÉRIR
DE LA TIMIDITÉ ET COMMENT ON EN GUÉRIT

I. — La valeur morale de la timidité. — Qui est compétent pour la déterminer?

II. — La timidité spontanée est normale, en tant qu'elle est liée à l'apprentissage des fonctions psychiques. Il est bon d'avoir à la surmonter. Elle est un stage utile. — La timidité systématique est toujours partielle. Elle a des effets heureux. Exemple : relation de la timidité et de la vocation artistique. — Les qualités intellectuelles et morales dérivées de la timidité.

III. — La timidité spontanée est une souffrance. On peut contester son utilité ; on constate même qu'elle est nuisible. — La timidité systématique, favorable en un sens à la vocation artistique, ne laisse pas de nuire à l'art. Les défauts qu'elle engendre.

8.

Conclusion : La timidité n'est ni une vertu, ni un vicé. Elle est un fait psychologique dont il s'agit de tirer moralement parti.

IV. — On peut s'en rendre maître de deux manières : 1° par la familiarité (Vauvenargues); — 2° par la raison. — La timidité n'arrive pas logiquement à se poser : elle est inconséquente, contradictoire. — Elle ne peut moralement se défendre, si ce n'est comme état de transition. Elle est liée à la jeunesse et doit disparaître avec elle. — De quelle façon elle doit disparaître. — Ce qu'il en faut garder.

1

Nous ne nous en tiendrons pas à l'analyse psychologique de la timidité, nous en aborderons l'étude au point de vue moral.

La timidité est-elle un bien ou un mal, une crise normale ou une disposition maladive, ou est-elle à quelque degré l'un et l'autre? Doit-elle être encouragée ou combattue, ou les deux ensemble, et par quels moyens, et dans quelle mesure? Cette question, étrangère à la psychologie, a son intérêt pour l'éducateur et le moraliste. On aurait le droit sans doute de ne pas la poser; mais il vaut mieux peut-être essayer de la résoudre.

Le timide tient la timidité pour un mal; mais il a contre elle des griefs personnels; il la condamne parce qu'il en souffre. D'ailleurs, si on le pressait, on lui ferait avouer peut-être qu'il chérit son mal; il n'échangerait pas en effet son lot contre celui de l'effronté; il a la fierté de ses sentiments, et il se sent secrètement bon gré des tourments qu'il endure. Récusons donc son jugement comme contradictoire et partial. Ceux qui n'ont pas de la timidité une expérience directe sont encore moins aptes à la juger. Au reste, ils sont, eux aussi, prévenus : la timidité les confond, les indispose ou les irrite, comme tout ce qui demeure incompréhensible. La meilleure condition pour juger la timidité serait de l'avoir éprouvée et de s'en être guéri : c'est ainsi que, selon Renan, pour aborder avec compétence la critique des religions, il serait bon d'avoir expérimenté tour à tour la foi naïve et l'incrédulité raisonnée.

En résumé, tout jugement moral que l'on porte sur la timidité vaut exactement ce que vaut la connaissance psychologique qu'on en a. Partons donc de celle que nous avons acquise.

II

Prenons d'abord à rebours l'opinion courante, et montrons que la timidité n'est pas, ou du moins n'est pas exclusivement un mal. Étudions tour à tour à ce point de vue la timidité brute et la timidité systématique.

La timidité spontanée est un fait normal, qui a sa raison d'être et même ses conséquences heureuses. Résultant de l'incoordination psychique, elle doit naturellement se produire à l'origine de tout état psychologique, et durer autant que dure l'organisation de cet état. L'automatisme (et par ce mot j'entends l'activité, consciente ou non, complexe ou simple, qui est complètement organisée, et s'exerce sans hésitation, sans effort) pourrait seul exclure la timidité. On a vu qu'en fait la timidité n'a prise que sur les opérations volontaires et réfléchies. Elle marque l'apprentissage de ces opérations. Or il faut que cet apprentissage ait lieu. On ne rencontre pas d'emblée, au moins d'ordinaire, l'effort intelligent qui exécute d'une façon parfaite un acte donné; on est d'abord embarrassé et gauche, et la timidité est la conscience de cette gaucherie.

Par suite se mettre à l'aise d'emblée, ce serait
s'épargner l'effort de la réflexion, ce serait ne
point surveiller et conduire ses actes, mais les
exécuter bien ou mal, d'une façon quelconque,
ce serait s'en remettre au hasard des circonstances
ou à l'inspiration du moment, sans jamais se
corriger ou se reprendre; ce serait laisser tout
aller et ne perfectionner rien. Le doute ou la
défiance de soi n'est pas seulement le commence-
ment de la sagesse, le point de départ de la
méthode philosophique; c'est le premier moment
de toute méthode, partant de toute science, de
tout art, de toute habileté pratique. La timidité
est donc la crise normale par laquelle doit passer
l'organisation des fonctions psychiques. Elle est
une disposition que sans doute il faut vaincre,
mais qu'il est bon d'avoir eu à surmonter. Ceux
qui ont toujours été à l'aise sont, à coup sûr, des
heureux, mais ce sont aussi, pour la plupart, des
médiocres. Ils ont trouvé naturellement leur voie,
mais ils ne l'ont pas choisie, ils se sont engagés
sur la route banale qui s'ouvrait devant eux. L'aisance n'est enviable que lorsqu'elle se rencontre
chez les forts qui trouvent toujours et sûrement,
par l'intuition du génie, le meilleur emploi de leurs
dons.

Il faut plaindre les hommes ordinaires qui n'ont pas été timides, comme on plaint ceux qui n'ont pas eu d'enfance : il leur a manqué cette salutaire défiance de soi, qui est la condition du perfectionnement individuel. L'aisance doit être acquise pour être, non seulement méritoire, mais encore heureuse : la réflexion, c'est-à-dire le tâtonnement et l'essai de nos forces, doit précéder en nous l'automatisme, j'entends l'activité maîtresse et sûre d'elle-même, mais emprisonnée dans les habitudes ou les règles qu'elle s'est données à elle-même. L'assurance doit être la timidité vaincue.

III

Il suit de là que la timidité est un mauvais pas à franchir, mais qu'il faut franchir courageusement et de bonne grâce. Mais si, au lieu d'être un trouble momentané et normal, elle devenait un arrêt prolongé des fonctions psychiques, si elle cessait d'être naturelle et spontanée et devenait réfléchie et systématique, pourrait-elle se justifier encore? ne serait-elle pas alors un mal sans compensation?

Réduisons d'abord l'hypothèse à sa juste valeur. En fait il n'y a point de timidité absolue ou générale, il n'y a que des timidités relatives et particulières, et ces timidités peuvent avoir des effets heureux.

Considérons-en une à titre d'exemple. La timidité, qui est une inaptitude à la vie pratique, devient par là même une prédisposition à la vie imaginative et à l'art. Si l'on en croit Rousseau, la timidité serait la raison cachée des vocations d'artiste. L'art seul en effet peut fournir au timide le moyen de déployer ses facultés et de donner sa mesure.

« J'aimerais la société comme un autre, dit Rousseau, si je n'étais sûr de m'y montrer, non seulement à mon désavantage, mais tout autre que je ne suis. Le parti que j'ai pris d'écrire et de me cacher était précisément celui qui me convenait. Moi présent, on n'aurait jamais su ce que je valais [1]. »

La timidité, même développée et chronique, a

1. Cf. Vigny, *Journal d'un poète.* « Je ne sais pourquoi j'écris. La gloire après la mort ne se sent probablement pas; dans la vie, elle se sent bien peu. — L'argent? Les livres faits avec recueillement n'en donnent pas. — Mais je sens en moi le besoin de dire à la société les idées que j'ai en moi et qui veulent sortir. »

donc son emploi. L'art offre au timide une revanche : elle lui ouvre l'accès d'une vie idéale, supérieure à la vie réelle pour laquelle il n'est point né. En fait, les artistes, les poètes et les écrivains ont souvent été des timides, témoin Virgile, Horace, Benjamin Constant, Michelet, Amiel et tant d'autres. Certes la timidité ne donne pas le talent, mais elle pousse l'artiste dans la voie imaginative où l'appelle son talent. Elle n'est pas la source de l'inspiration, mais elle est la cause occasionnelle de l'art.

Bourget soutient ce paradoxe qu'une condition favorable à l'éclosion des grandes œuvres est l'inintelligence du public.

« Toute grande puissance de création poétique a pour loi première une solitude... J'irai même jusqu'à dire que l'absence d'un milieu qui puisse le comprendre est pour un artiste un bienfait, au moins dans un certain sens. Partout où nous sommes compris, nous sommes regardés. Être regardé, c'est aussi se sentir regardé, et cela seul altère un peu la sincérité. Je me suis souvent représenté le poète comme un Gygès et qui ne pourrait entendre ce que l'on dit de lui ; et si vous voulez étudier la psychologie des tout à fait grands, de ceux qui, comme Shakespeare, comme

Shelley, comme Keats, comme Heine, ont reculé les bornes du cœur et du songe, vous trouverez qu'ils ont eu au doigt, même dans la gloire, la bague qui rend invisible, et autour de leur personne le nuage qui rend isolé. Il y a un ineffable et sublime renoncement aux suffrages des autres dans tout effort vers la découverte d'un monde nouveau de pensées et de sensations, car être nouveau, c'est être différent, et c'est déplaire. » (*Études et portraits*, t. I. — Science et poésie — Lemerre.)

Si la timidité fait partie du tempérament de l'artiste, cette « solitude de l'âme », qui lui est nécessaire pour accomplir son œuvre, lui sera assurée toujours et dans tous les milieux, favorables aussi bien qu'hostiles, cultivés aussi bien qu'ignorants.

L'art, a-t-on dit encore, est une diversion à la vie : Weltentrückt.

« Je ne puis m'empêcher de trouver, dit Wagner, que si nous avions la vie, nous n'aurions pas besoin d'art... Si je pouvais retrouver ma jeunesse, la santé, la nature, une femme aimante sans réserves, de braves enfants, vois-tu, je donnerais tout mon art! Tiens! le voilà! donne-moi le reste. » (Cité par T. de Wyzewa : chronique du *Temps*.)

Fuir la vie, et la fuir à regret, tromper par le rêve son besoin de vivre, n'est-ce pas là encore de la timidité?

Remarquons que les défauts du timide, le souci de la perfection, la maladie de l'idéal, se transforment en qualités pour l'artiste.

On démontrerait de même que la timidité développe le goût de la méditation, de l'analyse, le jugement personnel, le sérieux et la conscience intellectuelle, et entre par conséquent aussi comme élément dans le tempérament du philosophe et du savant.

Enfin on pourrait faire honneur à la timidité de certaines qualités morales, de la plupart des vertus intérieures, de la fierté et de la dignité personnelles, de la pudeur des sentiments, de la sincérité dans l'examen de soi-même.

La timidité n'est donc point, comme le croit le vulgaire, une pure infirmité morale. Elle est ou une crise normale de la vie individuelle, ou une idiosyncrasie de tempérament. Le caractère timide ne peut être érigé sans doute en idéal moral; mais il a néanmoins sa moralité et ses vertus propres.

Il a aussi ses inconvénients et ses défauts, qu'il convient maintenant d'examiner, en distinguant toujours la timidité brute et la timidité systématique.

La timidité est certainement un mal puisqu'elle est une souffrance. Est-elle du moins une souffrance utile? Est-elle une condition nécessaire de l'adaptation psychique? On en peut douter, car on voit que cette adaptation s'accomplit en dehors de la timidité, et que la timidité, loin de susciter toujours, décourage le plus souvent l'effort d'adaptation. En effet elle trouble et déconcerte tout ce travail moteur qui, selon Ribot, constitue l'attention, et que tout au moins l'attention suppose. Elle ôte le sang-froid, nécessaire pour apprendre aussi bien que pour tirer parti de ce qu'on sait. Elle serait donc utile, si elle n'était que la conscience que l'on prend de la maladresse de ses actes, mais elle est nuisible, parce qu'elle est un affolement produit par cette maladresse, et qui rend incapable d'y porter remède. Faut-il entendre par timidité un trouble causé par le sentiment de l'incoordination psychique, et un trouble tel qu'on ne peut le surmonter et que l'incoordination psychique s'en accroît? La timidité est alors une infirmité dont il faut seulement songer à se guérir.

Quant à la timidité systématique, n'a-t-elle que

les effets heureux qu'on s'est plu à lui attribuer ? Et, pour reprendre l'exemple cité, est-elle vraiment favorable à l'éclosion et au développement des dons artistiques ? Amiel a soutenu le contraire avec une irrécusable autorité. Il a dit de lui-même : « Tu as laissé, par timidité, l'intelligence critique dévorer en toi le génie créateur ». L'analyse n'est point sans doute incompatible par nature avec le pouvoir créateur, mais elle le devient sous l'influence de la timidité, car elle s'applique uniquement alors à relever les défauts et les faiblesses de l'inspiration, et ne fait qu'entretenir les scrupules d'un goût trop exigeant et trop pur.

« Quand j'écris pour l'impression, dit Amiel, chaque mot me coûte, la plume bronche à chaque pas, vu le souci du mot propre. » Il faudrait « brutaliser son sujet, ne pas craindre de lui faire tort... Cette espèce d'effronterie confiante me manque. »

La recherche de l'idéal ou de l'absolue perfection qui se rattache, comme on sait, à la timidité, paraît être à sa place dans l'art ; en réalité, elle est pour l'artiste un principe de découragement et d'impuissance.

« Quand je pense, dit Amiel, que j'ai toujours

ajourné l'étude sérieuse de l'art d'écrire, par tremblement devant lui, par amour secret pour la beauté, je suis furieux de ma bêtise et de mon respect. »

Enfin la timidité exerce sur les conceptions de l'artiste une influence funeste : elle développe en lui, comme on l'a montré, le goût du romanesque, du subtil et du raffiné; elle l'éloigne donc du but véritable de l'art, si bien marqué par le mot profond de Merck sur Goethe : « Ta tendance, la voie dont tu ne saurais t'écarter consiste à donner au réel une forme poétique : les autres cherchent à réaliser ce qu'ils appellent le poétique et l'idéal, et ne font rien qui vaille. »

Il y aurait bien à dire encore sur les qualités intellectuelles et morales que la timidité développe : elles sont compensées par des défauts graves. La solitude rétrécit l'horizon de la pensée; et c'est presque une tautologie de dire qu'elle est un manquement aux vertus sociales.

En résumé, la timidité n'est ni une qualité ni un défaut, ni une vertu ni un vice. Elle est une donnée psychologique dont l'éducation morale doit partir : il s'agit de retenir et de développer ce qu'elle a de moralement avantageux et d'éliminer ce qu'elle a de dangereux et de nuisible.

IV

Mais l'éducation du timide est-elle possible? La
timidité n'est-elle pas invincible? n'est-elle pas
un « bloc » qu'on ne peut ni tailler ni réduire?
Décomposons la question : Peut-on vaincre la
timidité? La timidité peut-elle se vaincre elle-
même?

La Rochefoucauld a dit : « La timidité est un
défaut dont il est dangereux de reprendre les personnes qu'on en veut corriger. » Sans doute!
Mais n'y a-t-il pas d'autre moyen de rassurer le
timide que les avertissements et les reproches?
Ne peut-on pas compatir à sa **faiblesse,** ménager
son amour-propre, éviter de le blesser par la
raillerie, de le rebuter par la froideur? S'il n'y
avait point de brutaux, il n'y aurait point de
timides. Le malheur est qu'on est brutal sans le
vouloir. Qui n'a à se reprocher d'avoir passé à
côté de timides, sans s'en douter, d'avoir atteint
des âmes fières et ombrageuses dans leurs sus-
ceptibilités délicates, et de se les être ainsi alié-
nées sans retour? Ce serait déjà beaucoup si, par
notre attitude légèrement cruelle, provenant de

notre ignorance du caractère des autres, nous ne développions jamais la timidité autour de nous.

Mais il est vrai que c'est au timide seul qu'il appartient de se corriger. Lui seul doit se charger du soin de son éducation et peut en assurer le succès. Mais il faut qu'il le veuille, et que d'autre part il puise la force de le vouloir dans la certitude qu'il le peut. C'est cette certitude qui le plus souvent lui manque. Comment l'acquerra-t-il? Par l'expérience et la raison.

La timidité paraît insurmontable : elle est une fatalité du tempérament, une impressionnabilité maladive. Toutefois, si on en connaissait les lois, ne pourrait-on pas en diriger le cours? Ces lois, on a essayé de les établir. De plus il y a long-temps qu'on connaît empiriquement les remèdes efficaces de la timidité. En fait le timide a exactement autant de prise sur sa nature que l'emporté, le violent, ou tout autre passionné quelconque. Toute éducation que l'on se donne consiste, en dernière analyse, à se rendre maître de ses nerfs. Or il y a un moyen sûr de calmer les nerfs du timide; ce moyen consiste en ce que Vauvenargues appelle la *familiarité*.

La timidité porte à fuir les autres; il faut au contraire les rechercher; à reculer devant les

actes à accomplir, il faut au contraire s'y appliquer avec résolution et acharnement. On sait le
raisonnement que Pascal tient à l'incrédule :
« Vous voulez aller à la foi et vous n'en savez
pas le chemin; vous voulez vous guérir de l'infi-
délité et vous en demandez le remède; apprenez
de ceux qui ont été liés comme vous... Suivez la
manière par où ils ont commencé : C'est en faisant tout comme s'ils croyaient. » Ce raisonnement paraît logiquement un cercle; psychologiquement, il est d'une vérité profonde. Il s'applique
bien, en tout cas, au timide. Ne pas s'écouter,
faire justement ce qui répugne, c'est là pour lui
le salut. Le remède est sûr; ne le fût-il pas, on
ne risquerait rien à l'essayer. Il n'y a pas contradiction à en user, et il y aurait pusillanimité à
n'en pas user.

Tout d'abord « il ne faut pas être timide, dit
Vauvenargues, de peur de faire des fautes; la
plus grande faute de toutes serait de se priver de
l'expérience ». Ce qu'il faut entendre par l'expérience, c'est ce que Vauvenargues appelle autrement la *familiarité*. « Il n'est point de meilleure
école ni plus nécessaire que la *familiarité*. Un
homme qui s'est retranché toute sa vie dans un
caractère réservé fait les fautes les plus grossières

lorsque les occasions l'obligent d'en sortir et que les affaires l'engagent. Ce n'est que par la familiarité qu'on guérit de la timidité; ce n'est que dans un commerce libre et ingénu qu'on peut bien connaître les hommes, qu'on se tâte, qu'on se démêle et qu'on se mesure avec eux... Ceux qui n'ont pas le courage de chercher la vérité dans ces rudes épreuves sont profondément au-dessous de tout ce qu'il y a de grand; surtout c'est une chose basse que de craindre la raillerie qui nous aide à fouler aux pieds notre amour-propre et qui émousse, par l'habitude de souffrir, ses honteuses délicatesses. » (*Réflexions sur divers sujets.*)

« Aimez la *familiarité*. Elle donne... une prudence qui n'est pas fondée sur les illusions de l'esprit, mais sur les principes indubitables de l'expérience. Ceux qui ne veulent pas sortir d'eux-mêmes sont tout d'une pièce; ils craignent les hommes qu'ils ne connaissent pas; ils les évitent, ils se cachent au monde et à eux-mêmes, et leur cœur est toujours serré. Donnez plus d'essor à votre âme... Vous saurez vous servir des hommes et vous en défendre; vous les connaîtrez; enfin vous aurez la sagesse dont les gens timides ont voulu se revêtir avant le temps, et qui est avortée dans leur âme. » (*Conseils à un jeune homme.*)

La familiarité dont parle Vauvenargues est ce contact direct des personnes et des choses qui remet nos jugements au point, qui dissipe les fantômes de notre imagination, et fait évanouir nos craintes folles. On n'a pas assez fait ressortir l'importance du point de vue de l'objectivité en morale ; on n'a pas assez dit ce qu'il y a de sain, de réconfortant à considérer les personnes et les choses telles qu'elles sont. La vie n'effraie que ceux qui l'ignorent. Peu d'expérience éloigne des hommes, beaucoup en rapproche. Se mêler aux autres, apprendre à les connaître et à se connaître, c'est se dépouiller de ses préventions, de ses préjugés, et la timidité n'est qu'une crainte chimérique qu'un préjugé entretient, et que l'expérience dissipe.

Si le timide n'en croit pas l'expérience des autres, s'il se dit plus malade qu'eux et incapable de se guérir d'un mal qu'ils ont surmonté, qu'il en croie du moins sa propre expérience. C'est un fait que la timidité ne tient pas devant la nécessité d'agir : les plus timides se trouvent à l'aise, là où il ne leur est pas permis de suivre leur humeur, par exemple dans l'exercice de leur profession, dans leurs relations habituelles : l'aplomb qu'ils ont acquis dans ces circonstances, ils peuvent l'acquérir dans d'autres analogues, par les mêmes moyens.

La timidité n'est donc pas invincible; elle ne l'est que si elle croit l'être, mais une telle croyance reposerait sur une erreur démontrée.

Mais si la timidité peut être vaincue, s'ensuit-il qu'elle doit l'être? Est-elle moralement un défaut pour qu'on s'en corrige? Non sans doute, pas plus d'ailleurs qu'elle n'est un mérite. Mais il suffit, pour qu'on veuille s'en défaire, qu'on la juge, si j'ose dire, logiquement, sans prendre contre elle moralement parti. En effet, elle implique contradiction; au terme de son évolution, elle se dissout. Quand elle prend pleinement conscience d'elle-même, elle dissipe l'illusion qui l'engendre; quand elle se réfléchit, elle se nie.

On pourrait, à la rigueur, se guérir de la timidité par la seule raison. Il est bon sans doute que le timide aguerrisse et calme ses nerfs par la *familiarité*, mais il est mieux encore qu'il revienne de sa timidité comme d'une erreur.

Distinguons encore ici la timidité spontanée et la timidité systématique. La première est en quelque sorte physique; on n'y peut apporter qu'un remède : la *familiarité*. Mais la seconde est une maladie morale : elle est de ces maux dont

« le plus grand tort, dit Balzac, est la persistance qui les fait devenir une idée ». Il suit de là qu'elle comporte un traitement rationnel, qu'elle a besoin d'être délogée de l'esprit. Or une intelligence, qui serait suffisamment armée contre les sophismes de justification et les suggestions de l'amour-propre, ne pourrait s'empêcher de reconnaître que la timidité est déraisonnable.

En effet elle est par définition une incapacité de sympathiser avec autrui, aboutissant logiquement à l'isolement individuel. Si on regardait cette incapacité de sympathiser comme démontrée, cet isolement comme inévitable, si on acceptait en un mot la timidité avec ses conséquences, on cesserait par là même d'en souffrir, on en serait guéri. Mais c'est ce qui n'arrive point. Il n'y a pas d'exemple de timidité résignée, exempte de mélancolie et de tristesse. C'est donc que la timidité n'arrive pas à se poser sous sa forme parfaite, à se systématiser vraiment.

Il ne manque au timide, pour cesser de l'être, que de suivre sa timidité jusqu'au bout. C'est ainsi par exemple qu'il ne devrait pas avoir de vanité. Sachant qu'il est par nature fermé aux autres, au lieu de redouter leur jugement, il devrait le tenir pour non avenu. On le voit pourtant se préoccuper outre mesure de l'opinion commune, trembler devant elle ou se raidir contre elle; on ne le voit point l'accueillir avec calme et indifférence. Son caractère n'atteint donc pas son développement logique.

Le timide n'est pas non plus fondé à opposer aux imperfections réelles de la vie sociale l'idéal d'une sympathie absolue qu'il voudrait voir régner parmi les hommes. Car ou cet idéal est réalisable, et il doit travailler à sa réalisation, au lieu de se renfermer dans un isolement farouche, ou il est irréalisable, et il doit s'en détacher comme d'une fin chimérique.

En fait le timide est toujours inconséquent : il ne prend pas son parti de sa timidité et il s'y entête; il la déplore et il s'y complaît; il la suit sans voir où elle le mène, il ne la réfléchit point. Il n'y a point de timidité systématique, et il ne peut y en avoir. On ne peut être logiquement timide. La raison fait donc évanouir la timidité, par cela seul qu'elle s'en rend compte.

Mais de ce que la timidité est illogique, il ne s'ensuit pas qu'elle est immorale. On peut la condamner comme une erreur, sans se la reprocher comme une faute. Ce qui explique la persistance

de la timidité chez ceux mêmes qui la jugent
absurde, c'est qu'elle s'appuie sur des sentiments
qui se croient respectables, et le sont en effet. Il
faut donc montrer qu'elle ne laisse pas d'encourir
la réprobation morale, alors qu'elle part de sentiments nobles, et que d'ailleurs elle peut disparaître sans entraîner la ruine de ces sentiments.

La timidité paraît, à première vue, légitime, en
certains cas au moins. Ainsi il est des sentiments
et des élans de cœur qu'on approuve en eux-mêmes
et dont on redoute les suites : on hésite tout
ensemble à s'y abandonner et à ne pas les suivre.
Il en est d'autres sur la valeur desquels on ne
saurait se prononcer nettement. L'inexpérience
de la vie, l'ignorance et les doutes de la conscience morale autorisent donc la timidité.

Alors qu'elle ne se justifie pas pour ses motifs,
la timidité peut se justifier encore par ses effets.
De quel parti n'est-elle pas par exemple en éducation? La timidité de l'enfant, c'est l'autorité des
parents et des maîtres. Il serait peut-être difficile
d'apprendre le juste respect des autres et la vraie
modestie à ceux qui n'auraient jamais éprouvé
cette crainte aveugle des autres et cette défiance
instinctive de soi qu'on appelle la timidité. La
timidité est encore un principe de perfectionne-

ment individuel : elle inspire, en toutes choses, la crainte salutaire de mal faire ou de ne pas faire assez bien, et le désir de mériter, et non pas seulement d'obtenir les suffrages des autres.

Et je ne parle pas des sentiments qui s'y rattachent et qui, à défaut d'utilité individuelle ou sociale, ont leur noblesse, comme le souci de l'idéal et de la perfection absolue, si naïf, si chimérique et si mêlé qu'il soit d'ailleurs d'indolence et d'orgueil.

Toutefois la timidité ne peut se justifier moralement qu'autant qu'elle reste un état de transition. Elle est liée à la jeunesse, à l'inexpérience de la vie; elle est une forme de la candeur. Elle est donc une qualité dans l'enfance, mais elle serait dans l'âge mûr un défaut. Elle est au caractère ce que le doute est à l'esprit; on ne peut lui attribuer comme au doute qu'une valeur provisoire. L'éducation s'en sert pour ses fins et peut en tirer un bon parti; elle travaille pourtant à la rendre inutile, et doit apprendre à la surmonter.

La timidité est appelée à disparaître en même temps et au même titre que les folles ardeurs et la belle confiance de la jeunesse. L'audace et la timidité sont en effet enchaînées l'une à l'autre, comme le plaisir et la douleur, dans le mythe de

Platon : elles sont les élans divers d'une même âme, inexpérimentée et naïve; elles se dissipent ensemble, comme un mirage de l'imagination, au contact de la vie. Il est vain de les regretter, si aimables qu'elles soient par certains côtés; il faut prendre son parti de la perte de la jeunesse, et s'en consoler, s'il se peut, par le gain des vertus viriles.

A vrai dire, le problème d'éducation qui se pose au sujet de la timidité n'est pas de savoir s'il faut s'en corriger, mais quelle est la meilleure manière de s'en corriger, j'entends celle qui ferait disparaître tous les défauts inhérents à la timidité, sans laisser perdre aucune des qualités intellectuelles et morales qu'elle fournit l'occasion d'acquérir et de développer.

Affermir sa raison et son caractère, sans rétrécir l'horizon de ses pensées et de sa vie, rester fidèle à l'idéal en acceptant l'expérience, quitter les puérilités et garder la jeunesse, grandir et mûrir, sans laisser son cœur se dessécher et se flétrir, en un mot, cesser d'être timide, sans devenir effronté, cynique et affreusement utilitaire, tel est le but à atteindre.

Nous ne parlons pas de l'intérêt social qu'il y aurait à rendre à la vie active ceux que la timidité stérilise, et à remettre à leur rang ceux qu'elle déconsidère et fait déchoir. Le timide pourrait se consoler de son infériorité sociale s'il avait moralement choisi la meilleure part. Mais en fait il perd le bénéfice de ses qualités, il ne tire pas parti de ses dons. On a montré qu'il peut transformer sa nature, et comment; on voit aussi qu'il le doit.

L'éducation du timide, en dépit des apparences, serait possible et même aisée, si on le connaissait, ou s'il se connaissait mieux. En général il n'y a pas, en éducation, de cas désespérés. Celui du timide n'est tel que pour notre ignorance; et il ne lui paraît tel à lui-même qu'en raison de ses préventions et de ses préjugés.

Telle est la conclusion pratique à laquelle il nous semble que notre étude conduit. Elle est assez consolante pour que nous désirions qu'elle paraisse vraie et déduite avec une suffisante rigueur.

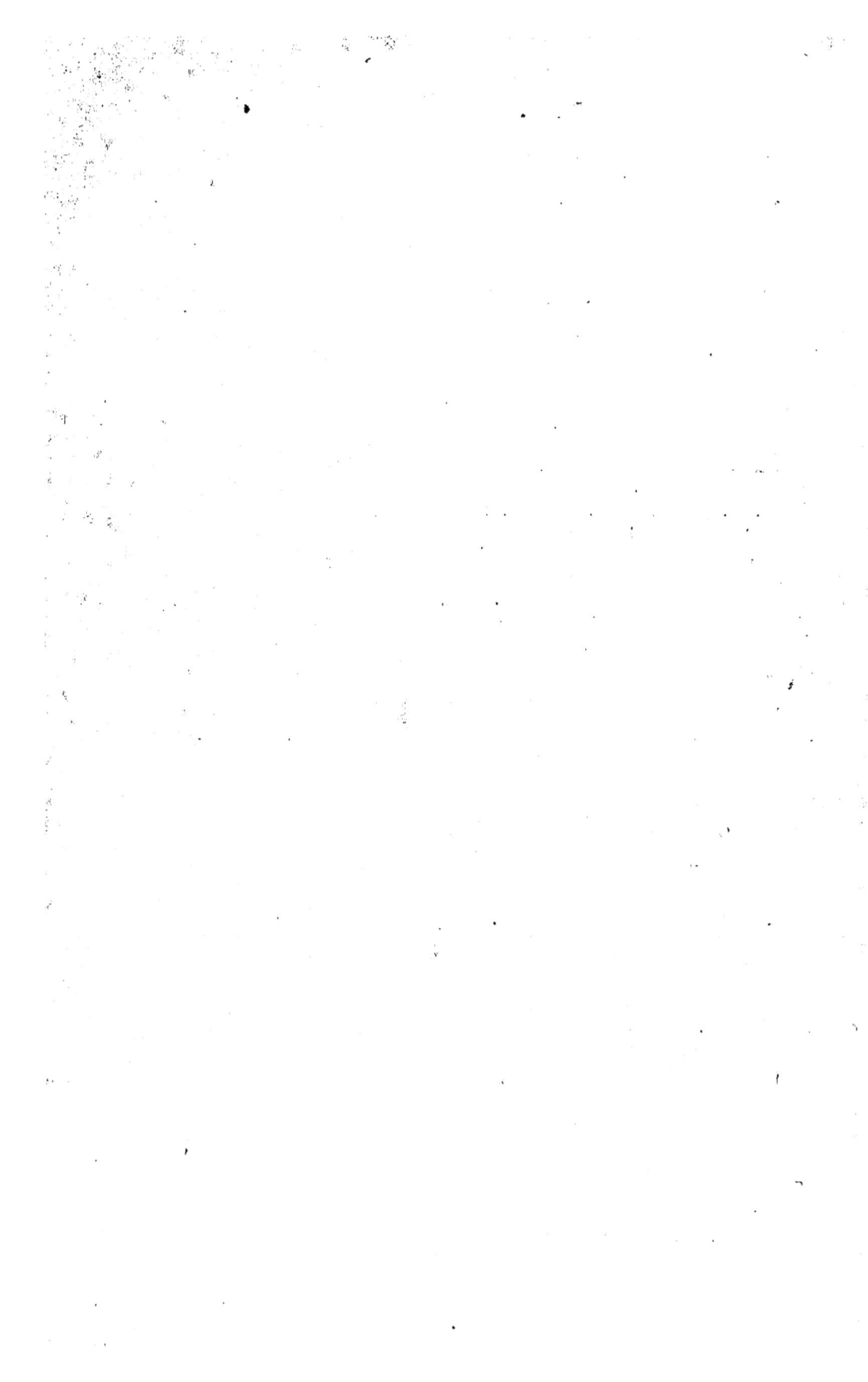

TABLE DES MATIÈRES

———

CHAPITRE VI

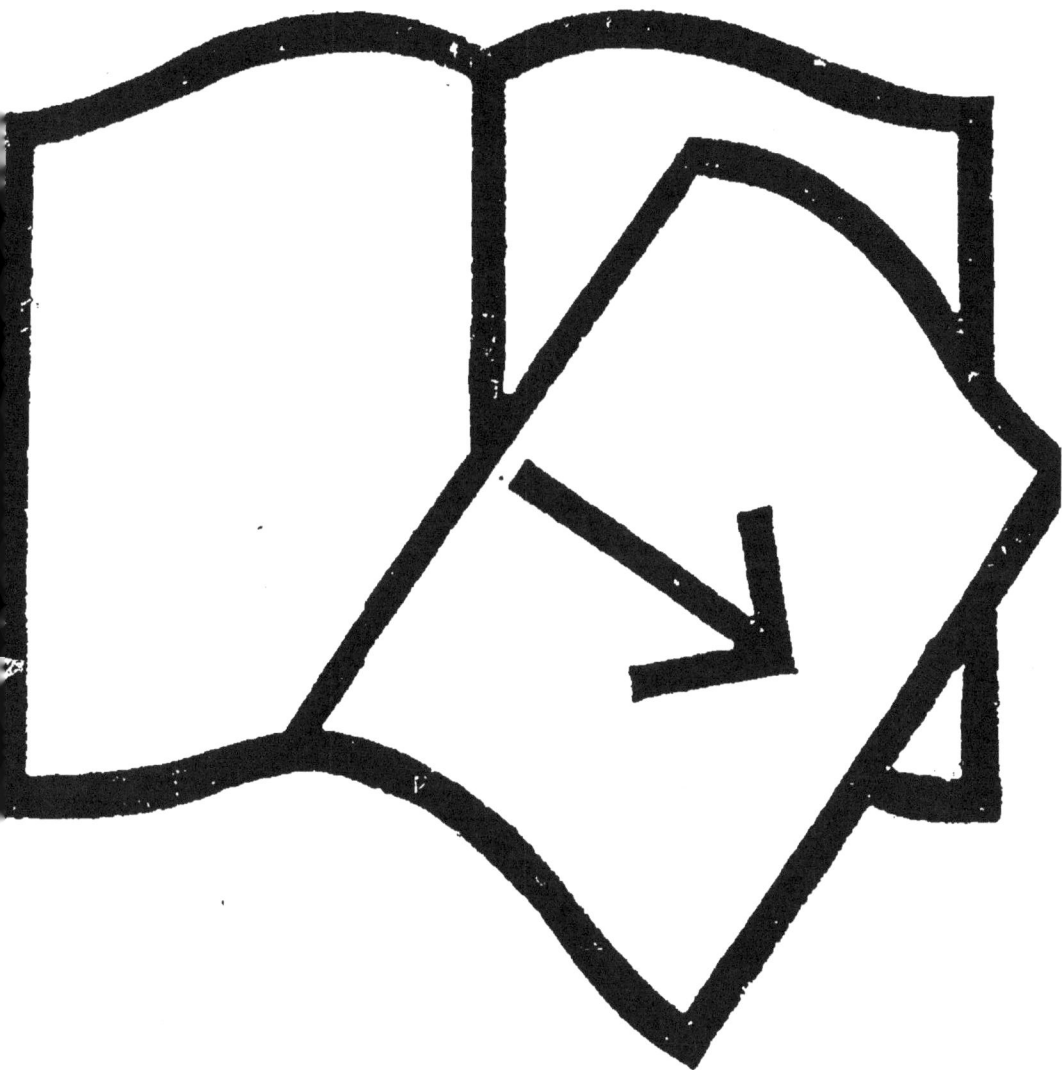

Documents manquants (pages, cahiers...)

NF Z 43-120-13

www.ingramcontent.com/pod-product-compliance
Lightning Source LLC
Chambersburg PA
CBHW072248270326
41930CB00010B/2301